JN005327

保育で役立つ！

# 今すぐ描ける かわいいイラスト

## 12か月

 ジャブノオウチ

日本文芸社

## Prologue

はじめましての方も知ってくださっていた方も、まずは、この本を手にとっていただきありがとうございます。ちょっぴり気の抜けたゆる～いジャブノオウチ感を味わっていただけたらうれしいです。

私が描く人物やいきものたちは、みんななんだかぼーっとしていて、頑張りすぎていない表情が多いです（みんなが全力で笑っているのってなんだか疲れちゃうので）。ぜひ、ゆる～い気持ちで、リラックスしながら描いてくださいね。でも、なんといっても一番は楽しみながら描いてほしいなぁと思います。頑張って描いたイラストも素敵ですが、楽しみながら描いたイラストは、きっとあなただけにしか描けない素敵な仕上がりになるはずです。私もまだまだ修行中の身ですが、この本がみなさんの「わくわく」のきっかけになればうれしいです。

この本では、こんなイラストの描き方を
たっぷり紹介しています。

P21 〜 127のイラストは、
線を黒いペンで描いています。
細すぎず、太すぎず……

そして、
カラーのイラストは
こんな色で
塗っています。

ピンク

みずいろ

はいいろ

あお

だいだいいろ

きいろ

くろ

むらさき

あか

うすだいだい

まじっく・ぺん

きみどり

しろ

みどり

ぜひ保育現場で
活用してください。
いくつかの例を
ご紹介します。

ちゃいろ

4

保護者に配布する行事のおしらせやプログラム、
子どもにプレゼントするお誕生日カードなどを
イラストでかわいくデコレーション。
大切にしたい思い出のひとつになります。

**行事プログラム**

入園式、卒園式、運動会、発表会などのプログラムは、
イラストがついた表紙をつけてカードのようなかたちに。

行事では、「救護室」
「トイレ」などの会場案内も
イラストがあると、
園児にも保護者にも
わかりやすい！

**お誕生日カード**

色をつけてにぎやかで楽しい雰囲気に。
星やキラキラなど、細かなあしらいでかわいさアップ！

使用イラスト
王子さま・おひめさま（P57）・お城（P58）、星フレーム（P120）、ケーキフレーム・きりんフレーム（P119）、オオカミフレーム（P118）

# 遊び

イラストを使ってオリジナルの遊びアイテムを製作。
いくつかのイラストを組み合わせると、
アイデアも広がります。

動物の顔をペーパー芯に
貼って人形遊びをしたり、
たべものをフェルトでつくって
ままごと遊びに使ったり、
イラストの活用方法は
無限大！

### スケッチブックシアター

色を塗っていない・塗っている、大きさが小さい・
大きいなど、同じイラストでも変化をつけるとストー
リーが生まれて楽しいシアターに。

### ペープサート

イラストを組み合わせて、かくれんぼ
クイズに。シルエットにするなど、難
易度を工夫してみましょう。

使用イラスト
おひさま（P23）・チューリップ・ちょうちょう（P22）、パンダ（P65）、どんぐり（P37）、うさぎ（P23）、
葉っぱ（P117アレンジ）、コアラ（P65）、切り株（P117アレンジ）、おばけ・ジャックオランタン・フランケンシュタイン（P35）

## ぬりえ

イラストを塗る作業は
遊びになります。線が
消えないように、コピー
をして使いましょう。

## 絵合わせカード

厚紙に柄折り紙などを貼って裏にイラ
ストを描くと、イラストカードのできあが
り。めくって絵合わせをしたり、なかま
探しをしたりして楽しめます。

ひっくり返すと

ペープサートの裏は
かくれんぼしていた
動物たち

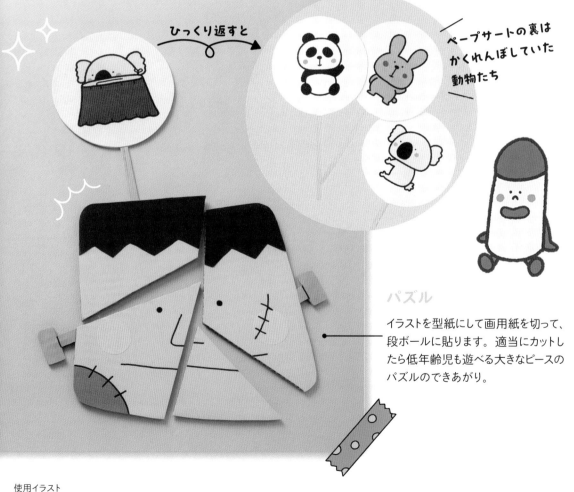

## パズル

イラストを型紙にして画用紙を切って、
段ボールに貼ります。適当にカットし
たら低年齢児も遊べる大きなピースの
パズルのできあがり。

使用イラスト
雨雲（P26）、かえる（P59）、あじさい・かたつむり（P27）、パトカー（P80）、新幹線・飛行機（P78）

# 生活

生活習慣や園生活でのルール、
学びの要素があるものはイラストを使って
視覚的にわかりやすくすると効果的。

手洗いやトイレなどの
ポスターもイラストがあると
わかりやすい！

## 栽培看板

花壇やプランターで育てる
野菜や花の看板に。水やりで濡れてしまうので、ラミネートするのがおすすめ。

## お支度ボード

「登園したらやること」「今日の予定」などは
イラストを活用するとわかりやすく、子どもが
自分でチェックできるようになります。

## ラベルシール

100円ショップなどで手に入るラベルシールや丸シールにイラストを描くと、オリジナルシールのできあがり。物の場所やマークで目印をつけたいときに便利です。

使用イラスト
トマト（P70）、ピーマン（P71）、連絡帳（P97）、ループタオル（P99）、お着替え袋・うわぐつ（P96）、マジック（P87）

# おたより

さまざまなおたよりに、
イラストは大活躍。
「読みたい」「読んでいて楽しい」と
思わせてくれます。

## 園だより

お願いしたいことや大事なおしらせは、囲んでわかりやすく伝えましょう。毎月作成するものは、季節感も大切に。

## ほけんだより

内容に合ったイラストを描くと説得力アップ！長い文章でも、イラストがあると不思議とすらすら読めてしまいます。

掲示用は
色を塗ってもかわいい！
ほっぺだけ塗るなど、
部分的に塗って
1色プラスすると楽しい
雰囲気に。

使用イラスト
さくら（P22）、保育者（P54）、気球（P79）、ひよこ（P23）、あり（P45）、ケーキ（P74）、きんもくせい（P33）、ほけんだよりタイトル（P127）、走る子ども（P109）、消防車・救急車（P80）、救急箱（P106）、くつ（P96）、体操する子ども（P111）

# Lesson1 ジャブノオウチイラストの特徴を学ぼう！

イラストに「ジャブノオウチらしさ」を出す秘密は……？
ポイントはズバリこの3つ！

## [1] 力の抜けたかわいいゆるさ

「こういう子、うちの園にいるな〜」「なんか、私にも描けそう」と
感じさせるポイントは、かわいくてゆるい、ほのぼのとした雰囲気。
そのポイントは、髪型や表情をキメすぎないこと！　無理に笑顔全開
の表情を描こうとしたり、驚いたり悲しんだりする様子をオーバーに
表現しようとすると、デザインされたアニメキャラクターのような架空
の存在になってしまいます。実際の子どもらしさを残すことで、あた
たかみある素朴感を表現できます。

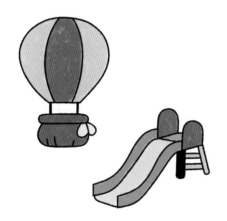

## [2] マイルドな色味

ジャブノオウチのイラストは、ビビットな色で着色することがあまりあり
ません。「あか」「あお」「きいろ」など、はっきりした色も使います
が、あたたかみのある「あか」、つめたくない「あお」、まぶしくない
「きいろ」を使います。ちょっとした色のちがいで、イラストの印象は
大きく変わります。

## [3] 物に表情をつけてキャラ化

ジャブノオウチのイラストは、物に表情をつけることが多いです。1〜5章では
描き方をわかりやすく伝えるために物のみを描いていますが、6章で登場する
イラストは物に表情をつけているものがあります。物に表情があるとキャラク
ター性が出て、にぎやかで楽しい印象になります。

# イラストを描く道具や裏技を知ろう!

保育現場で使えるイラスト作成の道具を紹介します。
ちょっとした工夫でじょうずになる裏技も大公開。

## 描く道具・塗る道具

ポスターなどの掲示物は遠くからも見えやすいマジック、おたよりは細い水性ペンや色えんぴつなど、場面によって扱いやすい筆記具を使いましょう。マジックのなかでも、線が描きやすいマジックと面を塗りやすいマジックがあるので、自分に合ったものを探してみてください。輪郭はマジック、中はマーカーペンで塗るなど使い分けても印象が変わります。

### いろいろな塗り方

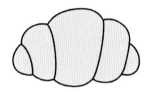

**ベタ塗り**

すき間がないように塗りつぶします。マジックで塗るときにおすすめ。

**かすれあり**

力をやや抜いて大まかに塗ります。すき間ができると手描き感が出ます。

**グラデーション**

色えんぴつで塗る際、力の入れ具合を変えて同じ色で濃淡をつけます。薄くする場合は、色えんぴつを寝かせて弱い力で塗ります。

## イラストを描くときの裏技

**イラストを傾けたいときは紙を回転させる**

ちょうちょうが飛んでいる様子、ボールが転がっている様子などのイラストは、ななめに描くのは難しいので、用紙を傾けて描きます。

**下描きが必要なときは別の紙に描いてなぞる**

えんぴつで描いた線をペンでなぞって消しゴムで消すのは面倒。そんなときは裏紙などにペンで描き、本番用の紙を上に置いて透かしてなぞります。裏紙に描くイラストは下描きなので、線の重なりなど気にせず描いても問題ありません。

**大きく描くときは拡大コピー**

大きなサイズにイラストを描くのが難しいときは、まずは描けるサイズで描きます。それを使いたいサイズに拡大コピーすると簡単です。

## Lesson3 いろいろな線を描いてみよう！

線で印象を表現しましょう。線を描くときは、方眼がついた
カッターマットなどを下に敷くとガイドになって便利。

---

## ［ いろいろな線 ］

### まっすぐ

左から右、上から下など、自分の描きやすい方向を
見つけてみて。

### ゆがみのある線

まっすぐの線を意識しながら、少し力を抜くようなイ
メージで描きます。

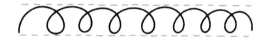

### なみなみ

直線を真ん中にイメージして高さをそろえます。幅は
描きたいものに合わせてお好みで。

### もこもこ

ひとつずつ描きます。続けて描くとバランスが崩れや
すいので要注意。

### ギザギザ・トゲトゲ

山の大きさが同じになるように描きます。幅もなるべ
く均等に。

### くるくる

上下の高さをイメージして、きれいにおさまるように描
きます。

---

### イラストに動きをつける線

人や物が動いている様子や、
たべものや球体の物などがツ
ヤっと光る様子は、線をつけ
ることで仕上がりがぐっとよく
なります。ツヤっとした線や
斜線を入れることで、プラス
チックやガラスなどの素材感
を表現することもできます。

# きほんの形を練習しよう!

イラストの描きはじめでつまずく人必見!
少し意識を変えると、バランスよく描けるようになります。

## きほんの形

**円**
右回りや左回りは、描きやすい
方向で描きましょう。

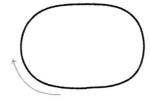

**だ円**
横長になりすぎないように注意し
ながら描きます。

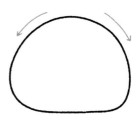

**おまんじゅう**
三角形を意識しながら、左右に分
けて半分ずつ描きます。

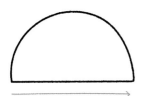

**山**
半円にしたり三角にしたり、先の
とんがり具合を使い分けてみて。

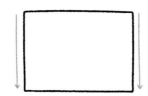

**四角**
縦線を平行に描き、端をつなぐ
ように横線を描くと簡単です。

**台形**
横線を平行に描き、端をつなぎま
す。広げすぎないように要注意。

## 顔の形

**人物**
丸顔と四角顔がきほん。にがおえを描くときも、たまご型
は丸顔、ベース型は四角顔にするなど、近いほうに寄せ
ると簡単です。

**動物キャラ**
おまんじゅう型ときんちゃく型がきほん。耳の位置や目・
鼻・口などのパーツの配置、柄などは実際の特徴を捉
えましょう。

# Contents

## プロローグ

はじめに　2

イラスト活用例　5

## イラストレッスン

Lesson1　ジャブノオウチイラストの特徴を学ぼう！　10

Lesson2　イラストを描く道具や裏技を知ろう！　11

Lesson3　いろいろな線を描いてみよう！　12

Lesson4　きほんの形を練習しよう！　13

\ PART 1 /

季節・行事　*Season Event*

| どんぐり P37 | まつぼっくり P37 | みのむし P37 | たき火 P37 | 12月 | 雪だるま P38 | サンタさん P38 | トナカイ P38 | だんろ P39 | プレゼント P39 |
| マフラー P39 | てぶくろ P39 | 1月 | もち P40 | 鏡もち P40 | 門松 P40 | だるま P41 | こたつ P41 | けん玉 P41 | たこあげ P41 |
| 2月 | おに P42 | 豆 P42 | 恵方巻 P42 | チョコレート P43 | うめ P43 | つばき P43 | 雪うさぎ P43 | 3月 | おひなさま P44 |
| おだいりさま P44 | 菜の花 P44 | あり P45 | つくし P45 | たけのこ P45 | ランドセル P45 | 園の行事 | 入園 P46 | プール開き P46 | 夏祭り P46 |
| 運動会 P47 | 作品展 P47 | 発表会 P47 | 卒園 P47 | 身体測定 P48 | 歯科検診 P48 | 眼科検診 P48 | 避難訓練 P48 | | |

\PART 2/

# 人物・いきもの

Lesson 番外編
赤ちゃん・子ども・大人別
人物を描き分けるポイントを知ろう！　50

| 赤ちゃん 子ども 大人 | 赤ちゃん① P52 | 赤ちゃん② P52 | 子ども① P52 | 子ども② P52 | お父さん P53 | お母さん P53 | おじいちゃん P53 | おばあちゃん P53 |

| おしごと | 保育者① P54 | 保育者② P54 | 栄養士 P54 | 用務員 P55 | 警察官 P55 | 消防士 P55 | 医者 P55 | 郵便屋さん P56 | 花屋さん P56 |

| コックさん P56 | スポーツ選手 P56 | おはなし | 王さま P57 | 王子さま P57 | おひめさま P57 | お城 P58 | 赤ずきんちゃん P58 | こびと P58 | 忍者 P58 |

| いきもの | | | | | | | | | |
|---|---|---|---|---|---|---|---|---|---|
| だんごむし P59 | てんとうむし P59 | かえる P59 | くわがた P60 | かぶとむし P60 | きんぎょ P60 | かめ P60 | さかな P61 | かに P61 | |
| たこ P61 | いか P61 | ペンギン P62 | アシカ P62 | イルカ P62 | クジラ P62 | サメ P63 | ワニ P63 | 恐竜① P63 | 恐竜② P63 |
| くま P64 | ライオン P64 | うし P64 | うま P64 | パンダ P65 | コアラ P65 | たぬき P65 | きつね P65 | ぞう P66 | きりん P66 |
| ぶた P66 | みみずく P66 | もぐら P67 | ねこ P67 | ハムスター P67 | りす P67 | | | | |

COLUMN 1
干支
P68

\ PART 3 /

# たべもの・のりもの

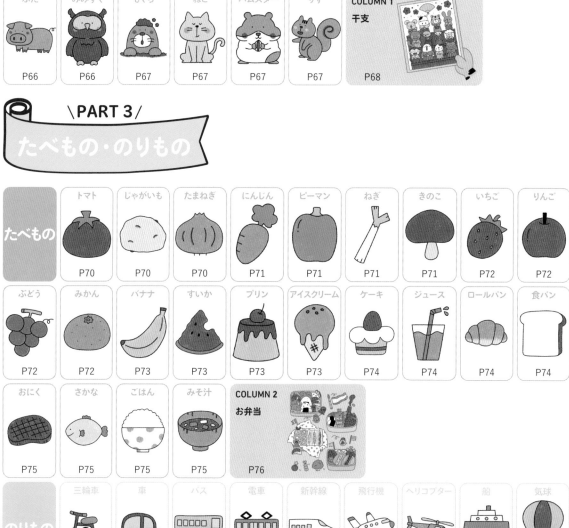

| たべもの | | | | | | | | | |
|---|---|---|---|---|---|---|---|---|---|
| トマト P70 | じゃがいも P70 | たまねぎ P70 | にんじん P71 | ピーマン P71 | ねぎ P71 | きのこ P71 | いちご P72 | りんご P72 | |
| ぶどう P72 | みかん P72 | バナナ P73 | すいか P73 | プリン P73 | アイスクリーム P73 | ケーキ P74 | ジュース P74 | ロールパン P74 | 食パン P74 |
| おにく P75 | さかな P75 | ごはん P75 | みそ汁 P75 | | | | | | |

COLUMN 2
お弁当
P76

| のりもの | | | | | | | | | |
|---|---|---|---|---|---|---|---|---|---|
| 三輪車 P77 | 車 P77 | バス P77 | 電車 P78 | 新幹線 P78 | 飛行機 P78 | ヘリコプター P78 | 船 P79 | 気球 P79 | |

| UFO | ロケット | トラック | パトカー | 救急車 | 消防車 |
|---|---|---|---|---|---|
| P79 | P79 | P80 | P80 | P80 | P80 |

# \ PART 4 /
## 遊び・道具

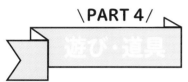

**絵本 玩具 楽器**

| 絵本 | 図鑑 | 紙芝居 | つみき | ブロック | パズル | ぬいぐるみ | ボール | 砂場バケツ |
|---|---|---|---|---|---|---|---|---|
| P82 | P82 | P82 | P83 | P83 | P83 | P83 | P84 | P84 |

| スコップ | じょうろ | 鍵盤ハーモニカ | タンブリン | すず | もっきん | **文具 道具** | はさみ | のり | テープ |
|---|---|---|---|---|---|---|---|---|---|
| P84 | P84 | P85 | P85 | P85 | P85 | | P86 | P86 | P86 |

| ホチキス | えんぴつ | クレヨン | マジック | 絵の具 | おりがみ | ねんど | リボン | 毛糸 | ペーパー芯 |
|---|---|---|---|---|---|---|---|---|---|
| P87 | P87 | P87 | P87 | P88 | P88 | P88 | P88 | P89 | P89 |

| ペットボトル | あき箱 | **遊具 運動** | 砂場 | すべり台 | うんてい | てつぼう | なわとび | とび箱 | フラフープ |
|---|---|---|---|---|---|---|---|---|---|
| P89 | P89 | | P90 | P90 | P90 | P91 | P91 | P91 | P91 |

**COLUMN 3 運動会の競技**

P92

# \ PART 5 /
## 生活

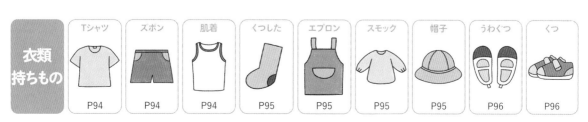

**衣類 持ちもの**

| Tシャツ | ズボン | 肌着 | くつした | エプロン | スモック | 帽子 | うわぐつ | くつ |
|---|---|---|---|---|---|---|---|---|
| P94 | P94 | P94 | P95 | P95 | P95 | P95 | P96 | P96 |

| | | | | | | | | | |
|---|---|---|---|---|---|---|---|---|---|
| お着替え袋 P96 | 手さげバッグ P96 | 園バッグ P97 | リュック P97 | 名札 P97 | 連絡帳 P97 | ビニール袋 P98 | 歯ブラシ P98 | お弁当袋 P98 | おはしセット P98 |
| 水筒 P99 | コップ P99 | ループタオル P99 | まきまきタオル P99 | 水着① P100 | 水着② P100 | 水泳帽 P100 | ゴーグル P100 | COLUMN 4 乳児の持ちもの P101 | |
| 環境 生活習慣 | ハンドソープ P102 | ばいきん P102 | 蛇口 P102 | トイレ P103 | おまる P103 | つくえ P103 | いす P103 | くつ箱 P104 | タオルかけ P104 |
| お道具箱 P104 | ロッカー P104 | 布団 P105 | コット P105 | 布団カバー P105 | おさんぽカート P105 | 衛生用品 | 救急箱 P106 | ばんそうこう P106 | 体温計 P106 |
| 包帯 P107 | 氷のう P107 | くすり P107 | マスク P107 | 子どもの姿 | おじぎ P108 | 手を上げる P108 | 話す P108 | 歩く P109 | 走る P109 |
| ジャンプ P109 | しゃがむ P109 | 座る P110 | 投げる P110 | 蹴る P110 | 泳ぐ P110 | 絵を描く P111 | 歌う P111 | 体操 P111 | ダンス P111 |
| 食べる P112 | 飲む P112 | ハイタッチ P112 | ガッツポーズ P112 | 手洗い P113 | ガラガラうがい P113 | ブクブクうがい P113 | 手を拭く P113 | COLUMN 5 当番活動 P114 | |

\PART 6/

# おたより素材

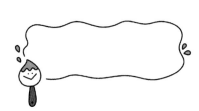

フレーム、飾り罫、文字、記号・矢印、タイトル　116

# 索引

### あ

アイスクリーム 73
赤ずきんちゃん 58
赤ちゃん 52
あき箱 89
あさがお 29
アシカ 62
あじさい 27
雨雲 26
あり 45
イースターエッグ 23
いか 61
医者 55
いす 103
いちご 72
いちょう 36
稲 33
イルカ 62
うさぎ 23
うし 64
うま 64
海 30
うめ 43
うわぐつ 96
うんてい 90
運動会 47・92
栄養士 54
干支 68
絵の具 88
エプロン 95
恵方巻 42
絵本 82
園バッグ 97
えんぴつ 87
王さま 57
お母さん 53
王子さま 57
お着替え袋 96
おさんぽカート 105
おじいちゃん 53
お城 58
おだいりさま 44
お月さま 32
お月見だんご 32
お道具箱 104
お父さん 53
おに 42
おにく 75

おばあちゃん 53
おばけ 35
おはしセット 98
おひさま 23
おひなさま 44
おひめさま 57
お弁当 76
お弁当袋 98
おまる 103
おりがみ 88
おりひめ 28

### か

カーネーション 25
かえで 36
かえる 59
鏡もち 40
かさ 26
かしわもち 25
かたつむり 27
門松 40
かに 61
かぶと 25
かぶとむし 60
紙芝居 82
かめ 60
枯れ木 36
眼科検診 48
気球 79
きつね 65
きのこ 71
救急車 80
救急箱 106
恐竜 63
きりん 66
きんぎょ 60
きんもくせい 33
クジラ 62
くすり 107
くつ 96
クッキー 34
くつした 95
くつ箱 104
くま 64
車 77
クレヨン 87
クローバー 24
くわがた 60
警察官 55

毛糸 89
ケーキ 74
けん玉 41
鍵盤ハーモニカ 85
コアラ 65
こいのぼり 25
ゴーグル 100
コスモス 34
こたつ 41
コックさん 56
コット 105
コップ 99
子ども ★ 52
ごはん 75
こびと 58

### さ

さかな 61・75
作品展 47
さくら 22
笹飾り 28
サメ 63
サンタさん 38
三輪車 77
歯科検診 48
じゃがいも 70
蛇口 102
ジャックオランタン 35
ジュース 74
消防士 55
消防車 80
じょうろ 84
食パン 74
新幹線 78
身体測定 48
水泳帽 100
すいか 73
水筒 99
図鑑 82
スコップ 84
すず 85
すすき 32
砂場 90
砂場バケツ 84
すべり台 90
スポーツ選手 56
ズボン 94
スモック 95
せみ 29

ぞう 66
卒園 47

### た

体温計 106
タオルかけ 104
たき火 37
たけのこ 45
たこ 61
たこあげ 41
たぬき 65
たまねぎ 70
だるま 41
だんごむし 59
タンブリン 85
たんぽぽ 24
だんろ 39
チューリップ 22
ちょうちょう 22
チョコレート 43
つくえ 103
つくし 45
つばき 43
つみき 83
テープ 86
手さげバッグ 96
てつぼう 91
てぶくろ 39
てるてるぼうず 27
電車 78
テント 33
てんとうむし 59
トイレ 103
トナカイ 38
とび箱 91
トマト 70
トラック 80
どんぐり 37
とんぼ 33

### な

ながぐつ 26
夏祭り 46
菜の花 44
名札 97
なわとび 91
虹 27
入園 46
乳児 52・101

| | | | | | | | |
|---|---|---|---|---|---|---|---|
| 忍者 | 58 | ひこぼし | 28 | ホチキス | 87 | 雪だるま | 38 |
| にんじん | 71 | 避難訓練 | 48 | | | 用務員 | 55 |
| ぬいぐるみ | 83 | ビニール袋 | 98 | **ま** | | | |
| ねぎ | 71 | ひまわり | 31 | まきまきタオル | 99 | **ら** | |
| ねこ | 67 | 氷のう | 107 | マジック | 87 | ライオン | 64 |
| ねんど | 88 | ひよこ | 23 | 魔女 | 35 | ランドセル | 45 |
| のり | 86 | プール | 29 | マスク | 107 | りす | 67 |
| **は** | | プール開き | 46 | まつぼっくり | 37 | リボン | 88 |
| ばいきん | 102 | ぶた | 66 | マフラー | 39 | リュック | 97 |
| はさみ | 86 | ぶどう | 72 | 豆 | 42 | りんご | 72 |
| バス | 77 | 布団 | 105 | みかん | 72 | ループタオル | 99 |
| パズル | 83 | 布団カバー | 105 | 水着 | 100 | 連絡帳 | 97 |
| 肌着 | 94 | 船 | 79 | 水でっぽう | 29 | ロールパン | 74 |
| 発表会 | 47 | フラフープ | 91 | みそ汁 | 75 | ロケット | 79 |
| パトカー | 80 | フランケンシュタイン | 35 | みつばち | 24 | ロッカー | 104 |
| バナナ | 73 | プリン | 73 | みのむし | 37 | **わ** | |
| 花火 | 31 | プレゼント | 39 | みみずく | 66 | ワニ | 63 |
| 花屋さん | 56 | ブロック | 83 | 虫かご | 31 | **A–Z** | |
| 歯ブラシ | 98 | ペーパー芯 | 89 | 虫とりあみ | 31 | Tシャツ | 94 |
| ハムスター | 67 | ペットボトル | 89 | もぐら | 67 | UFO | 79 |
| パラソル | 30 | ヘリコプター | 78 | もち | 40 | | |
| ばんそうこう | 106 | ペロペロキャンディ | 34 | もっきん | 85 | | |
| パンダ | 65 | ペンギン | 62 | **や** | | | |
| ハンドソープ | 102 | 保育者 | 54 | やどかり | 30 | | |
| ピーマン | 71 | 帽子 | 95 | 郵便屋さん | 56 | | |
| 飛行機 | 78 | 包帯 | 107 | 雪うさぎ | 43 | | |
| | | ボール | 84 | | | | |

## ★子どもの姿

| | | | |
|---|---|---|---|
| **あ** | | ダンス | 111 |
| 歩く | 109 | 手洗い | 113 |
| 歌う | 111 | 手を上げる | 108 |
| 絵を描く | 111 | 手を拭く | 113 |
| おじぎ | 108 | 当番活動 | 114 |
| 泳ぐ | 110 | **な** | |
| **か** | | 投げる | 110 |
| ガッツポーズ | 112 | 飲む | 112 |
| ガラガラうがい | 113 | **は** | |
| 蹴る | 110 | ハイタッチ | 112 |
| **さ** | | 走る | 109 |
| しゃがむ | 109 | 話す | 108 |
| ジャンプ | 109 | ブクブクうがい | 113 |
| 座る | 110 | | |
| **た** | | | |
| 体操 | 111 | | |
| 食べる | 112 | | |

# PART 1
# 季節・行事

新年度となる4月から、
月別に季節感あるイラストの描き方を紹介します。
年中行事やイベントのモチーフイラストで
その月らしさを表現しましょう。

# 4月 April

ワクワクドキドキがいっぱいの新年度。
やわらかな雰囲気を意識したイラストを描きましょう。

point
「丸み」を意識すると、やわらかく春らしい印象になります。

---

 **さくら**

幹に皮目があるのが桜の特徴。
模様をつけて、桜らしさを出しましょう。

\ 完成！/

**カラー**

中の小さな花は色を濃くして
グラデーションにしても◎

---

**チューリップ**

花を左側と右側に分けて描きましょう。
最後にギザギザをつけるとうまくバランスがとれます。

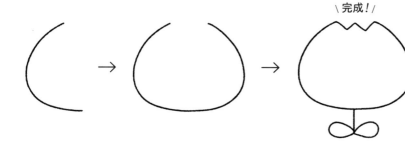

\ 完成！/

**カラー**

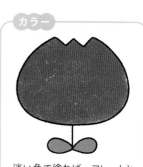

淡い色で塗れば、フレームと
しても使えます。

---

 **ちょうちょう**

羽は体の真ん中あたりから出してバランスをとりましょう。
丸みのある羽は春、とがった羽だと夏っぽい印象になります。

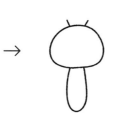

\ 完成！/

**カラー**

紙をななめに置いて描くと、飛
んでいる様子を表現できます。

## おひさま

描き方は同じでも、三角の数を増やすと印象が変わります。
季節や場面で変えてみてもよいでしょう。

\ 完成！/

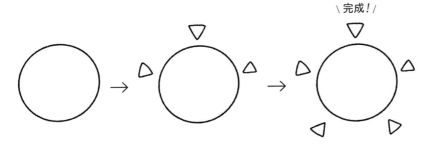

カラー

赤やだいだい色など、色で気候の印象も変わります。

## ひよこ

幼さを出すポイントは、頭を大きく描くこと。
頭を小さく描くと、あひるに変身!?

\ 完成！/

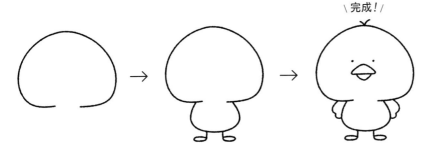

カラー

大きめのほっぺで入園・進級の時期らしい幼さをアップ。

## うさぎ

長い耳は、ほんの少し外向きに、先に向かって
少しふくらませるのがポイント。

\ 完成！/

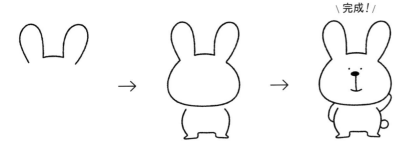

カラー

ぶち模様をつけてもかわいくなります。

## イースターエッグ

たまご型の描きはじめはどこでも OK！
自分が描きやすい場所を探してみて。

\ 完成！/

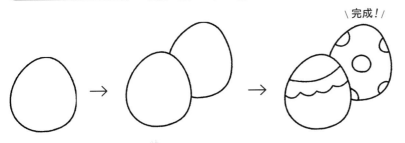

カラー

たまごと柄の色を変えてカラフルに仕上げてみて。

# 5月 *May*

初夏を感じる清々しい季節。
こどもの日や母の日モチーフのイラストを描いてみましょう。

▱ point
着色は黄色や黄緑を
使うと、5月らしいさわ
やかで元気な印象に。

---

**たんぽぽ**　葉はギザギザに、花びらの部分は丸みのある
波線にしてメリハリを出しましょう。

 → 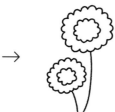 → \ 完成！/

**カラー**

花の内側は外より少し濃く塗っ
てグラデーションにしても◎

---

**クローバー**　描きはじめやすいところから、ハートを4つ描きます。
紙を回しながら、描きやすい方向から描いてみて。

 → 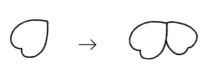 → \ 完成！/

**カラー**

緑と黄緑のクローバーを複数
並べると、原っぱに。

---

**みつばち**　頭を少し傾けているように描くと、
飛んでいる雰囲気が出せます。

 →  → \ 完成！/

**カラー**

羽を水色にするとファンタジー
でかわいい印象に。

**こいのぼり**

描きたいサイズに合わせて横幅を変えましょう。
目の位置は変えず、うろこの波線の間隔で調整します。

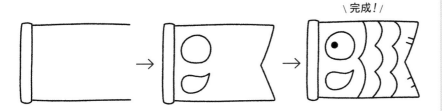

\ 完成 ! /

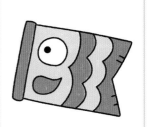

同じ色味の濃淡で着色する
のがおすすめです。

---

**かぶと**

図形を描くように直線を意識しましょう。
角がきれいになり、かっこよく仕上がります。

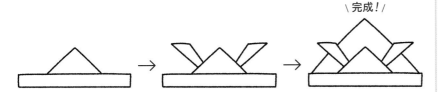

\ 完成 ! /

カラー

白い部分を残すと、おりがみ
でつくったかぶとになります。

---

**かしわもち**

葉も円の中におさめる、簡単な描き方です。
円の下は平らにするとおもちらしいフォルムになります。

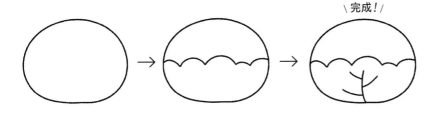

\ 完成 ! /

カラー

葉は実際のかしわもちに合わ
せて深緑にすると◎

---

**カーネーション**

フリルがついた花びらは、細かな波線で表現します。
茎は直線を描きましょう。

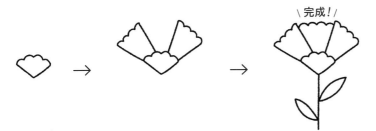

\ 完成 ! /

カラー

王道の赤やピンクで、よりカー
ネーションらしい印象に。

PART 1 季節・行事

5月

25

**6月** *June*

梅雨シーズンに突入します。
自然や天気のイラストを描いて季節感を伝えましょう。

---

**雨雲** 直線の上にもくもくした雲を描き、雨つぶを落とします。
雲はあまり高さを出さないのがポイント。

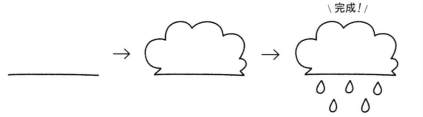

\完成!/

**カラー**

雨つぶの色を変えると楽しい
印象になります。

---

**かさ** ベルト部分がくびれているイメージで上下を描き足しましょう。
開いているかさは、P30のパラソルを参考にしてください。

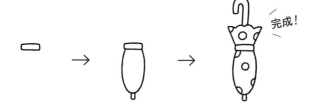

\完成!/

**カラー**

色とりどりに塗ってみて。柄も
変えてアレンジ自在!

---

**ながぐつ** つま先部分に線で動きを加えて素材感を表現。
真横から見た平面の構図でも、違和感なく仕上がります。

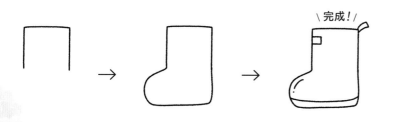

\完成!/

**カラー**

もう片方は奥にずらして描きま
しょう。

**あじさい** 雲よりも波の細かい線で、もくもくした囲みをつくります。
描きたいサイズに合わせて、中に小さな花を描き入れましょう。

花は、同じ色味の濃淡で着色するのがおすすめです。

---

**かたつむり** 殻の円を最初に描いてサイズ感を決めましょう。
うずをぐるぐると巻きすぎないところがポイントです。

にっこり目やウインクなど、表情を変えても◎

---

**てるてるぼうず** 頭と体を描いたら、シワの線を描き入れましょう。
ねじったり結んだりしている様子を表現できます。

ピンクのほっぺを足すとかわいさアップ！

---

**虹** 虹の端を雲でかくすことで、バランスをとりながら
描くことができます。雲はサイズ感を変えてメリハリを。

サイズが小さいときは、無理に7色にしなくてもOK！

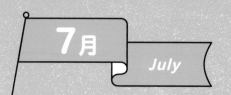

**7月** *July*

梅雨が明けると、いよいよ夏本番！
楽しいイベントのイラストで盛り上げましょう。

**笹飾り** 笹や短冊などを少し傾けるのがポイント。
動きを持たせることで、より雰囲気が出せます。

 →  →  ＼完成！／

カラー
短冊などの笹飾りは明るい色
味でカラフルに。

**おりひめ** 頭と体の輪郭は、ひこぼしと同じです。
おりひめは髪の毛をななめに、曲線で描きましょう。

 →  →  ＼完成！

カラー
イラストのまわりに、キラキラ
や星を描いても◎

**ひこぼし** 頭に冠をかぶせます。
肩と同じくらいの幅で描くとバランスがとれます。

 →  →  ＼完成！

カラー
着物の色は、おりひめとのバ
ランスも考えてみて。

**あさがお**　円の中に星を描くだけ！
くるっと巻いた「つる」がポイントです。

\ 完成！ /

中の星は塗らないで、まわり
を紫や青、赤などで着色を。

---

 **せみ**　はじめに頭を描き、左右の羽は一部くっつけましょう。
そうすると、囲まれたところが胸や腹になります。

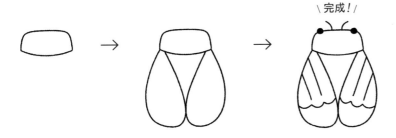

\ 完成！ /

羽は、頭や体と色を変えると
わかりやすくなります。

---

 **プール**　横の線は直線ではなく、曲線にするのがポイント。
空気が入ってふくらんでいる様子を表現できます。

\ 完成！ /

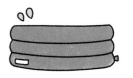

段ごとに色を変えて、カラフ
ルにしてもかわいい！

---

 **水でっぽう**　最初に、てっぽうを描きます。そして、
仕上げにタンクをつけると水でっぽうに大変身！

\ 完成！ /

タンクの部分は色を変えて、
わかりやすくしましょう。

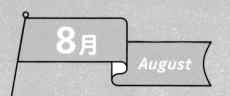

**8月** *August*

太陽がジリジリ暑く、元気なパワーがあふれる時期。
さわやかな色味でカラフルに、楽しい雰囲気に仕上げましょう。

✐ ▶ point
海や山などレジャーの雰囲気で8月らしく、7月と差を出します。

---

**海** 波線に、船やヨットを描くと海のイラストに。
波の線の幅や高さで、海の様子を表現します。

\ 完成！/

**カラー**

波の下は海に。しぶきの色は、同じ色でそろえましょう。

---

**パラソル** 思いきって大きめに描きましょう。砂浜の幅を
短くすることも、パラソルを大きく見せるポイントです。

\ 完成！/

**カラー**

すべて同じ色で着色すると、雨がさのような印象になります。

---

**やどかり** チャームポイントでもある「はさみ」を最初に描きます。
少し内側を向いているように描きましょう。

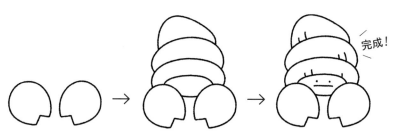

完成！

**カラー**

口の線の左右にほっぺをつけると、かわいさアップ！

**虫とりあみ**

棒の長さはお好みでOK。
最後にネットを描いて、網模様をつけましょう。

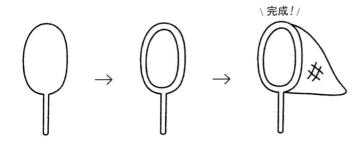

\ 完成！/

ネットは内側も外側も同じ色
で塗りましょう。

---

**虫かご**

四角や台形など、図形を組み合わせます。
直線や角を意識して描きましょう。

\ 完成！/

水色で着色すると、プラスチッ
クやガラスっぽい印象に。

---

**ひまわり**

花びらのバランスをとりやすいように、
円を描いて花の中心を先に決めておきましょう。

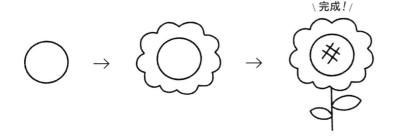

\ 完成！/

黄色×茶色は定番の組み合
わせ。濃淡で工夫してみて。

---

**花火**

中心から描きはじめ、だんだんと円を形づくっていきます。
すき間をうめるように、パーツを描き足していきましょう。

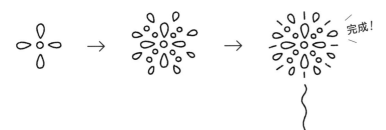

\ 完成！/

どんな色の花火か想像しなが
ら、着色を楽しんで！

残暑が落ち着くと、少しずつ秋の気配に。
風やにおいを感じるような、風情あるイラストを描きましょう。

point
黄色やだいだい色、
茶色などを組み合わ
せると秋らしい印象に。

---

**お月さま**　少しゆがみのある円が、よりかわいらしい印象に。
顔は上の方に描きましょう。

\ 完成！/

カラー

黄色とだいだい色を重ね塗り
しても◎

---

**お月見だんご**　だんごは、位置を決めやすい3段目の真ん中を最初に
描きましょう。全体のバランスを捉えることができます。

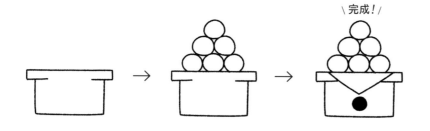

\ 完成！/

カラー

黒板や色のついた紙に描くと
きは、だんごを白く塗ります。

---

**すすき**　風にゆれる姿をイメージして、根元がつながった2本の
曲線を描きます。葉は、角度を変えるのがポイント。

\ 完成！/

カラー

うすだいだいで線のまわりに
色づけしてもOK！

## きんもくせい

ふたつの形のパーツが花になります。
少しずつ間隔をあけて、いろいろな向きで描きましょう。

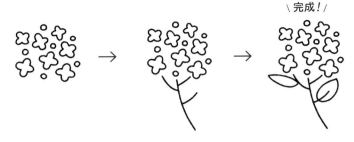

\完成！/

カラー

花のパーツは2色でランダムに
着色するのがおすすめです。

## 稲

稲穂がたれている姿をイメージしましょう。根元が
つながった2本の曲線を描き、枝分かれの線を足します。

\完成！/

カラー

黄色で着色し、秋の実りを表
現しましょう。

## とんぼ

頭を大きく表現することで、かわいらしい印象に。
表情はにっこり顔にするなど、アレンジ自在です。

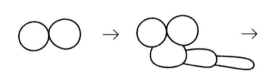

\完成！/

カラー

赤とんぼにすると9月らしい雰
囲気に。

## テント

テントは、三角形のタイプが描きやすくておすすめ。
少し反った線をイメージして描くとよいでしょう。

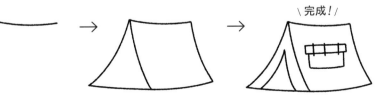

\完成！/

カラー

フラッグをつけるなどアレンジ
しても◎

## 10月 *October*

年度の折り返しで、大きな行事を控えている時期。
イラストを活用して行事を盛り上げましょう。

---

 **コスモス** 花びらの先は少しギザギザしているのが特徴。
細かく小さなギザギザを意識しましょう。

\ 完成！/

**カラー**

ピンクで濃淡をつけてもかわ
いくなります。

---

**クッキー** 少し厚みを見せるのがポイント。
真上ではなく、少しななめから見た様子を描きましょう。

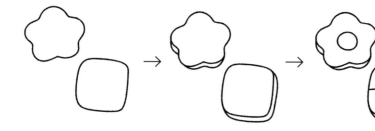

\ 完成！/

**カラー**

お花のクッキーは中心に色を
つけて華やかに。

---

**ペロペロキャンディ** キャンディの形はまんまるでもOK。
描きやすい形の円を描いてはじめましょう。

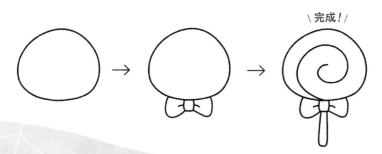

\ 完成！/

**カラー**

うずまきの線は、上から色で
なぞると◎

## おばけ

ふくらんだ吹き出しのような輪郭を描きます。
頭から出ているチャームポイントの毛は短めに。

\ 完成！/

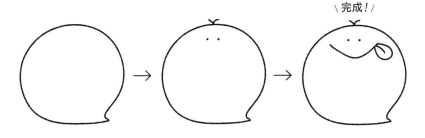

ほっぺを高い位置に描き足すと、丸みを表現できます。

## ジャックオランタン

てっぺんが少しへこんだ、肉まんのような輪郭。
そこに、小さな帽子のようなヘタをつけます。

\ 完成！/

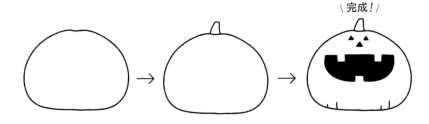

ほっぺの着色は、ピンクのほかに黄色も◎

## フランケンシュタイン

角に丸みのある四角形を輪郭に。耳のボルトは
ななめに描き、ぎこちなさを表現します。

\ 完成！/

顔色が悪く見える緑や青で塗れば、ホラー感アップ。

## 魔女

長い三角の鼻とゆがんだ口がポイントです。
表情で雰囲気ががらりと変わります。

\ 完成！/

黒い帽子で重たい印象になるときは、紫がおすすめです。

# 11月 *November*

木々から葉が落ち、見た目にも冬の気配を感じる時期。
植物の様子から、季節の移り変わりを表現しましょう。

✏️▷**point**
枯れ木や葉、どんぐり
は色味を変えるとちが
う季節に様変わり。

---

**枯れ木** 枝がついた木に、2枚の葉を描き足すことで枯れ木を表現。
葉が落ちる動きの線もポイントです。

 →  → \ 完成!/

カラー

根のまわりに落ち葉をたくさん描いてもよいでしょう。

---

**いちょう** いちょうの葉は、切れ込みがあったりなかったり。
描きやすい形を見つけてみましょう。

 →  → \ 完成!/

カラー

季節に合わせて、緑や緑と黄色の重ね塗りにしても◎

---

**かえで** 左右対称にしないことで、本物らしい印象に。
大きなギザギザをイメージして線をつなげましょう。

→ 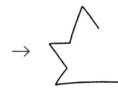 → \ 完成!/

カラー

虫食いの穴を描いてもかわいくなります。

### どんぐり

帽子部分を先に描いて、サイズをイメージします。
細長いどんぐりは、帽子の幅をせまくしましょう。

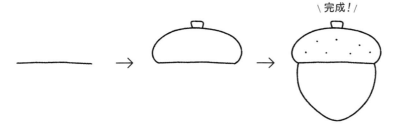

＼完成！／

カラー

帽子部分と実は、ちがう色に
するのがおすすめです。

---

### まつぼっくり

おわんのような線に、デコボコした山を描き足します。
輪郭ができたら、中にもデコボコの線を描きましょう。

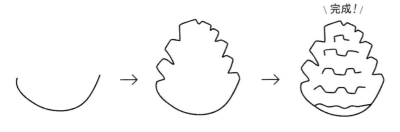

＼完成！／

カラー

装飾すると、クリスマス製作
のツリーにもなります。

---

### みのむし

「みの」の輪郭の中にもギザギザの線を描くことで、
立体感を表現できます。

 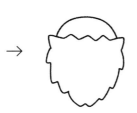  

＼完成！

カラー

「みの」は、いろいろな色を
塗り重ねても◎

---

### たき火

炎を大きく、二重にするのがポイント。
まきは、丸い枝木を並べて描くと簡単です。

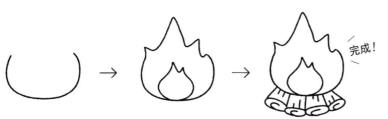

＼完成！

カラー

炎は中心部を黄、外側を赤
やだいだい色で着色します。

ウキウキワクワク、心おどる特別な季節。
クリスマスの楽しいイラストを描きましょう。

## 雪だるま

下の雪玉に上の雪玉を少しかぶせるのがポイント。
大福のような丸みをイメージして描きましょう。

\ 完成！/

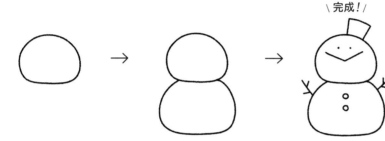

カラー

帽子やボタンの色が、よいアクセントに。

## サンタさん

まゆげやひげを太めに描いて、ふくよかな雰囲気に。
帽子の先のポンポンは、まんまるにしてかわいく。

\ 完成！/

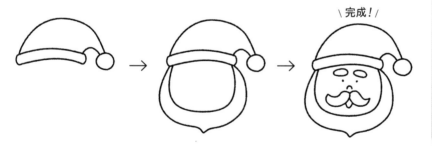

カラー

白く着色する場合、「ひげ」はぐるぐる塗っても◎

## トナカイ

ツノは、大きめに描いてもOK。
少し内向きになるように意識することがポイントです。

\ 完成！/

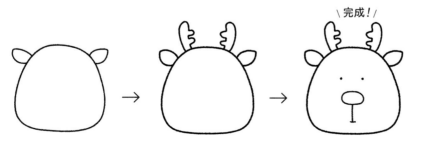

カラー

首元にベルを描くと、よりクリスマスらしいイラストに。

## だんろ

いくつか長方形を描いてレンガのだんろに。
ドーム型の穴の中には炎を描きましょう。

\ 完成！/

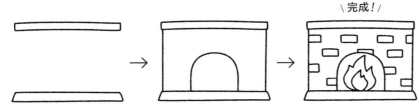

カラー

レンガの長方形は、色の濃淡
をつけても◎

## プレゼント

フタつきの箱にリボンを巻いた簡単な描き方。
大きなリボンがポイントです。

\ 完成！/

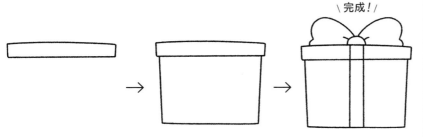

カラー

ドットや星など、柄をつけても
かわいくなります。

## マフラー

ボーダー柄の線をまっすぐ均等な間隔にしないことで、
もこもこした毛糸の素材感を表現します。

\ 完成！/

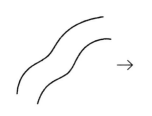
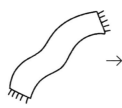

カラー

暖色で着色すると、あたたか
い印象になります。

## てぶくろ

てぶくろのイラストは、ミトンタイプがおすすめ。
丸みのある形をイメージして描きましょう。

\ 完成！/

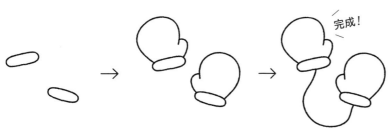

カラー

動物などワッペン風のポイント
を描いてもGOOD！

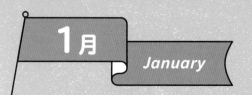

# 1月 *January*

新たな気持ちで迎える新年。
日本ならではの伝統文化や伝承遊びのイラストを描きましょう。

**point**
由来や意味があるものは、アレンジしすぎないように要注意。

---

 **もち**　ふくらんだもちについた焼き目がポイント。
曲線にすることで、丸みのある印象になります。

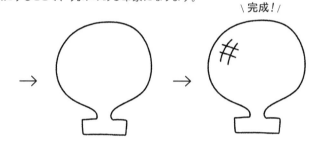

\ 完成！ /

**カラー**

焼き目は茶色を重ねることで、焦げを表現します。

---

**鏡もち**　最初に「だいだい」を描いたら、中心をそろえて三宝（台）を
描きます。三角の四方紅を先に描くとよいでしょう。

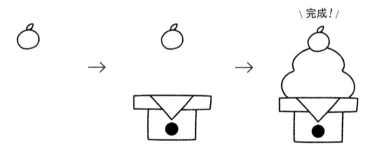

\ 完成！ /

**カラー**

四方紅は、ふちを赤く囲みましょう。

---

**門松**　最も手前にある扇の飾りから描きはじめます。
台を先に完成させるとバランスよく描けます。

\ 完成！ /

**カラー**

松は緑、竹は黄緑にして色を
分けるとメリハリが出ます。

**だるま** 幅を広くすると、どっしりとした立派な印象に。
太いまゆげがポイントです。

\完成！/

黄色の部分は、金のペンで
塗ってもよいでしょう。

---

**こたつ** ゆがんだ線で柄をつくり、ふかふかしたこたつ布団を表現。
角は丸く描きましょう。

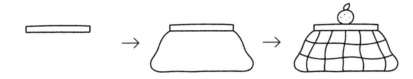

\完成！/

カラー

色はお好みでOK。暖色だと
あたたかい印象になります。

---

**けん玉** 玉のツヤ感を出すための線がポイント。
球体であることを表現できます。

 →  →

\完成！/

カラー

傾けると動きが出て、遊んで
いる雰囲気に。

---

**たこあげ** 昔ながらの「やっこだこ」の描き方です。
体は左右対称に描きましょう。

\完成！/

カラー

風が吹いている様子の線を描
き足しても◎

## 2月 February

暦の上では春を迎えますが、寒さはピークを迎えます。
11月～1月の冬モチーフのイラストと組み合わせて使ってみて。

✏️ point
降り積もった雪の様子を加えると、2月らしい印象に。

---

**おに**　表情を変えたり、ツノを1本にしたり、アレンジ自在。
口から出たキバがポイントです。

\ 完成！/

カラー

赤おにや黄おになど、アレンジを楽しんで。

---

**豆**　豆がばらばら飛び出すことで、活気ある節分らしさを
表現できます。豆はいろいろな方向に描きましょう。

\ 完成！/

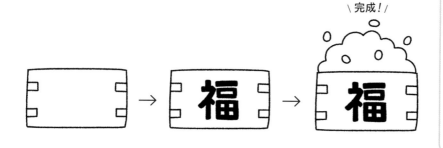

カラー

升の角にある板のつなぎ目は色を変えると◎

---

**恵方巻**　長さはお好みで調整しましょう。
短ければ太巻きに、長ければ細巻きになります。

\ 完成！/

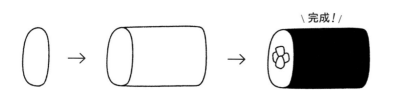

カラー

具材はカラフルに。具だくさんにしてもよいでしょう。

**チョコレート** 紙で包まれた板チョコの描き方です。
四角を描いてブロックを表現します。

 → 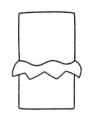 \ 完成！/

紙は、めくれている表と裏で色を変えましょう。

---

 **うめ** 半円を組み合わせて花びらを描きます。
紙を回しながらひとつずつ描くとよいでしょう。

 →  →  \ 完成！/

カラー

淡いピンクでほんのり色をつけてもかわいい！

---

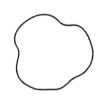 **つばき** 葉をつけることで上品な印象に。花の部分は花びらの
重なりをイメージしてゆがみのある線にしましょう。

 →  → \ 完成！/

カラー

色の紙に描く場合は、白いつばきもおすすめです。

---

 **雪うさぎ** 下の線はまっすぐ、頭から背中に向かって
ふくらむように丸みを意識して描きましょう。

 → \ 完成！/

カラー

目はナンテンの実。赤で着色しましょう。

**3月** *March*

あっという間に迎える年度末。
春の和やかなモチーフのイラストを描きましょう。

✏️▷point
黄色や緑のある自然のイラストは、春の訪れを感じさせます。

---

**おひなさま** 頭と体の輪郭を描いたら髪の毛、次に髪飾りを描きます。
最後に、顔を描いて仕上げましょう。

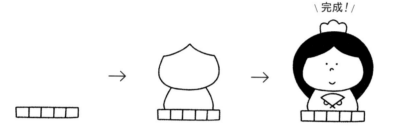

\ 完成！/

カラー

髪飾りと扇の色をそろえるとバランスのとれた印象に。

---

**おだいりさま** 頭と体の輪郭を描いたら、冠を描きます。
髪の毛は冠の左右から描きましょう。

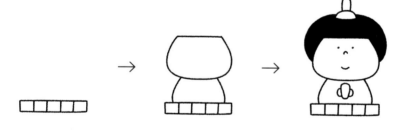

\ 完成！/

カラー

冠と着物の色をそろえて統一感を出します。

---

**菜の花** 最初に描く花の輪郭は、もこもこふわふわとした
丸みを意識して描きましょう。

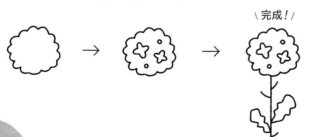

\ 完成！/

カラー

花の中のパーツは濃淡で差を出しても◎

**あり** 頭を大きくしてキャラクターらしさを表現。頭と胴は丸く、おしりの部分はだ円形にするのがポイントです。

＼完成！／

---

**つくし** 頭はたまご型に波線を描き足します。頭をわずかに傾けておくのがポイントです。

＼完成！／

 **カラー**

頭は緑と茶色の重ね塗りもおすすめです。

PART 1 季節・行事

3月

---

**たけのこ** 皮は上に行くほど重なっています。描くときは重なる順番を意識して下から描きましょう。

 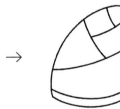 

＼完成！／

 **カラー**

下に行くほど白っぽくグラデーションにしても◎

---

**ランドセル** 長さや幅をイメージしてから描きましょう。最初の手順で大きさのバランスが決まります。

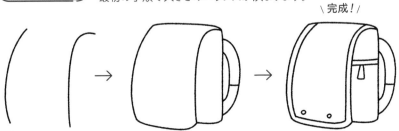

＼完成！／

 **カラー**

好きな色で着色を楽しんで！柄をつけても◎

# 園の行事

**Event**

園では、1年を通して行事が盛りだくさん。
アイテムや衣装で行事らしさを表現しましょう。

point

衣装は袖の長さを意識。半袖・長袖で季節感が変わります。

---

**入園** 幼い雰囲気のキャラに帽子や園バッグなどのアイテムをプラスすると入園児らしい印象に。

\ 完成！/

カラー

帽子と園バッグの色をそろえて統一感を出します。

---

**プール開き** 水泳帽と水着でプール遊びの様子に。動物キャラの耳は帽子から出しましょう。

 →   →

\ 完成！/

カラー

着色は人物やキャラに合わせてお好みで。

---

**夏祭り** はっぴを着せると、お祭りの雰囲気に。うちわやねじりはちまきなどのアイテムを足してもよいでしょう。

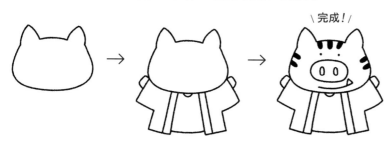

\ 完成！/

カラー

赤や青など、わかりやすい色の着色がおすすめです。

**運動会** 体操帽をかぶせたキャラに、半袖の体操服を描きます。
メダルやポーズの工夫で運動会らしさを表現しましょう。

\ 完成！ /

**カラー**

体操帽のつばの裏は、表と
色を変えるとよいでしょう。

---

**作品展** 画家らしいベレー帽がチャームポイント。
スモックは長袖にしましょう。

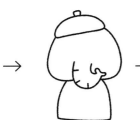

\ 完成！ /

**カラー**

筆の先は、好きな色の絵の
具を塗りましょう。

---

**発表会** 鍵盤ハーモニカは、白鍵の線の上に黒鍵を描きます。
実際の鍵盤と合うように位置を確認しましょう。

\ 完成！ /

**カラー**

イラストのまわりに音符を描き
足しても◎

---

**卒園** コサージュや卒園証書のアイテムで卒園らしさを表現。
園服らしい服装にして、よりわかりやすくしましょう。

\ 完成！ /

**カラー**

コサージュは服より目立つ色
にするとよいでしょう。

## 身体測定

人物や動物キャラを描き、その下に体重計を描くと
身体測定の様子に。メモリの針の位置がポイントです。

\ 完成！/

体重計はシンプルな着色がお
すすめです。

---

## 歯科検診

大きな口をあけた人物や動物キャラに、歯ブラシを
持たせます。歯もしっかり見せましょう。

\ 完成！/

黄色のキラキラで、歯みがき
のすっきり感を表現します。

---

## 眼科検診

目を細めて口を開き、しゃべっているような表情がポイント。
あいている手で方向を指さししてもよいでしょう。

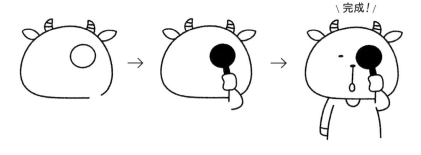

\ 完成！/

遮眼子（しゃがんし）は真っ黒にすると本物
らしい印象に。

---

## 避難訓練

ヘルメットだと工事現場や救急の印象も受けるため、
防災頭巾にするとわかりやすくなります。

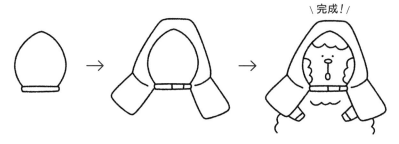

\ 完成！/

首元のベルトは、頭巾と同じ
色でそろえましょう。

# PART 2
# 人物・いきもの

保育の現場で使われることが多い
人物・いきもののイラストの描き方を紹介します。
いきものはキャラクター性があり、
かわいい仕上がりです。

赤ちゃん・子ども・大人別

# 人物を描き分けるポイントを知ろう！

人物は体型やパーツの描き方で年齢の印象が変わります。
ポイントを意識して、描き分けてみましょう。

## ［ 頭身バランス ］

- ●頭身が低い→幼い
- ●頭身が高い→大人っぽい

## ［ 髪型・髪色 ］

- ●若々しさや老いを表現
- ●髪の毛を高い位置で結ぶ・
  ふたつ結び→子どもっぽい

## ［ 表情 ］

- ●感情を表現

## ［ 顔のパーツの位置 ］

- ●重心を下げておでこを
  広くする・求心顔→幼い
- ●遠心顔→大人っぽい
- ●帽子→職業や活動の
  様子を表現

## ［ 服装 ］

- ●若々しさや老いを表現
- ●制服や衣装など
  →職業や活動の様子を表現

＋

### アイテム

子どもであれば遊び道具、大人であればバッグ、職業の様子であれば仕事道具を持たせたりそばに置いたりします。

### 首の長さ

子どもは、あえて首を描かないことで頭を大きく見せることができます。頭身が下がり、より子どもらしい印象になります。

### 姿勢・ポーズ

手足を上げたりポーズをとったり、走るなどの動きがあると元気で若々しい印象に。腕を体の前で組んで肩が丸まっていたり、片手を体の後ろにまわしたりすると老いた印象になります。赤ちゃんは、自然に手足が曲がっていることを意識します。

### 胴と手足のバランス

体型が年齢の印象をつくります。子どもは手足を短く太く、おなかをぽっこりさせます。

髪型
アレンジ

髪型を変えると年齢の印象が変わります。同じ表情の顔で髪型
を変えたイラストを並べると、兄弟・姉妹や家族といった雰囲気
になります。

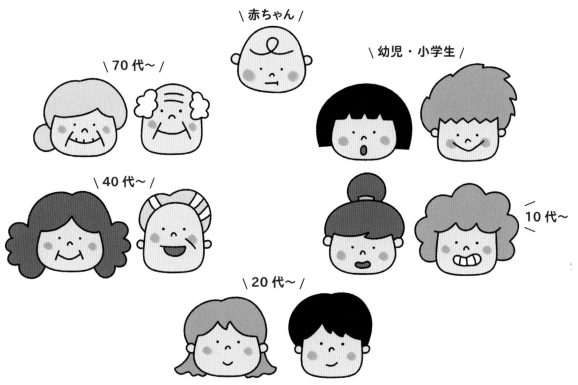

\ 赤ちゃん /

\ 幼児・小学生 /

\ 70代～ /

\ 40代～ /

\ 10代～ /

\ 20代～ /

表情
アレンジ

目の位置は目線の位置になることを意識しましょう。
口の開け方や形を変えると表情全体の印象が大きく変わります。
年齢に合わせてほっぺやシワを描いてもよいでしょう。

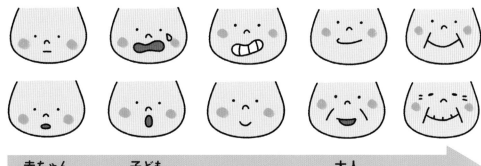

赤ちゃん　　子ども　　　　　　大人

# 赤ちゃん・子ども・大人

園児や保護者のイラストとして活用できます。
季節によって服の色や袖の長さを変えましょう。

 point
「子ども＋リュック→遠足」のように組み合わせて使っても◎

---

**赤ちゃん①** そら豆のような輪郭で頭を描きます。
手はW、足はM字になることを意識しましょう。

 →  →  完成！

カラー

服の色は、淡い色味がおすすめ。優しい雰囲気に仕上がります。

---

**赤ちゃん②** スタイをつけて赤ちゃんらしさをアップ。
顔はしっかり上がっている姿勢をイメージしましょう。

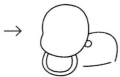 完成！

カラー

服やスタイは柄をつけてもかわいく仕上がります。

---

**子ども①** 服装はズボンだと描きやすくなります。
長袖・長ズボンのときは、袖・裾に手足を描き足します。

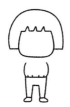 →  →  完成！

カラー

足を顔や手と同じ色で着色すると、裸足の状態になります。

---

**子ども②** 腕は左右に少しふくらませるように描くのがポイント。
袖の位置は、トップスの裾の位置に合わせましょう。

  →   →  完成！

カラー

ズボンとくつした、くつの色は、ちがう色でわかりやすく。

**お父さん** 　子ども②の頭身を変えて大人を描いてみましょう。
めがねを足してもよいでしょう。

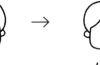 →  → \ 完成！/

髪色は黒がおすすめ。茶色
にすると若い印象になります。

---

 **お母さん** 　ロングワンピースで大人の女性の雰囲気に。
髪の毛を結ばないのも大人に見せるポイントです。

 →  → \ 完成！/

柄をつける場合は、襟や裾の
みにすると◎

---

 **おじいちゃん** 　おでこが見える髪型にしてシワを描きます。
おなかや足の幅は、少し広めを意識しましょう。

 →  →  完成！

服は渋い色味にして、落ち着
いた雰囲気を表現。

---

 **おばあちゃん** 　腕を前にすることで、背中が丸まっている印象に。
襟を描いたら腕を描き、次に服を描きます。

 →  完成！

裾を明るい色で着色すると、
かわいらしい印象に。

# おしごと

園で働く職員や街で働く人、子どもたちのあこがれの
職業など、おしごとをしている人物を描いてみましょう。

point
服装やアイテムでその
職業らしさを表現しま
す。

---

**保育者①**　髪型はひとつ結びにしてエプロンを描きます。
はっきりとわかりやすい表情がポイントです。

完成!

カラー

エプロンはチェックなど柄をつ
けてもかわいくなります。

---

**保育者②**　男性保育者は元気いっぱいに見えるポーズがおすすめ。
手は、頭や耳の線と重ならないように少し離します。

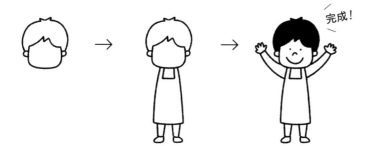

完成!

カラー

園のユニフォームがある場合
は、色を合わせてみて。

---

**栄養士**　三角巾と白衣で栄養士らしさを表現。保育者のような
エプロン姿にしてマスクを足すと調理員のイラストに。

完成!

カラー

手に野菜や果物などの食材
を持たせても◎

**用務員**　上下セットの作業服で掃除道具のブラシを持たせます。
体とブラシを描き、つなぐように腕を描きましょう。

 →  →  完成！

**カラー**

服や帽子をすべて同じ色で塗ると、作業服らしい印象に。

---

**警察官**　顔の輪郭を描いたら右手を上げて敬礼のポーズを描き、
帽子を描きます。帽子の真ん中にはマークも忘れずに。

 →  →  完成！

**カラー**

制服は青、くつと腰につけているバッグは黒で着色します。

---

**消防士**　火災現場に出動するときの防火服は、ヘルメットを
かぶります。顔まわりや首元も防火服でおおいましょう。

 →  →  完成！

**カラー**

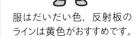

服はだいだい色、反射板のラインは黄色がおすすめです。

---

**医者**　白衣姿にネクタイがポイント。ワイシャツと
白衣の襟の後に描くとバランスがとりやすくなります。

 →  →  完成！

**カラー**

ネクタイは、はっきりとした色に。ズボンは淡い色が◎

## 郵便屋さん

赤い郵便バッグがポイント。頭の輪郭を描いた後に
ななめがけのバッグを描きましょう。

 →   →  完成！

帽子と服の色をそろえると、
制服らしい印象に。

---

## 花屋さん

お花を持ってエプロン姿に。
花束を胸の前でななめに持たせるのがポイントです。

 →   →    完成！

足元にバケツに入った花を描
くと雰囲気アップ。

---

## コックさん

コック帽はしっかりかぶせるとバランスがとりづらいので、
頭にななめにのせましょう。簡単にかわいく描けます。

 →   →   完成！

真っ白のコック服にネクタイの
色がポイントになります。

---

## スポーツ選手

「走っている人物+ボール」でサッカー選手のイラストに。
胸元に番号を描くとユニフォームらしくなります。

 →   →   完成！

胸元の番号はチームのロゴに
してもよいでしょう。

# おはなし

童話の世界から飛び出してきたようなキャラクター。
ぜひシアターや劇遊びに活用してみましょう。

**王さま** 大きな冠をかぶせて服装はロングガウンに。
ガウンの袖は広がるように意識しましょう。

 →  →
＼完成！

カラー

立派なひげが高貴な印象に。冠は金のペンで塗っても◎

**王子さま** ブーツとマントで若々しく、王子らしさを表現。
体を描いた後に、マントを足元まで描きましょう。

 →  →
完成！

カラー

ブーツは黒か茶色のロングブーツがおすすめです。

**おひめさま** ドレスの袖はふんわりと。裾からくつは見せません。
腕はドレスの後ろにかくすとおしとやかな印象に。

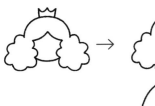 →  →
完成！

カラー

裾のフリルの波線を増やすと、幼くかわいい印象に。

**お城**

塔の形を左右対称にすると簡単です。
両端の塔を少しななめに描くことで立体感を表現します。

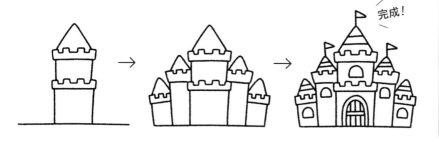

完成!

壁もすべて暗い色で塗ると魔女のお城の雰囲気に。

---

**赤ずきんちゃん**

童話で登場する「女の子」としても活用できます。
ずきんやマントを描くときは、首元の結び目を忘れずに。

完成!

ほっぺをまんまるにすると、少女らしい印象に。

---

**こびと**

はじめに三角帽子を描き、全体のサイズ感を決めましょう。
のっぽや太っちょにするなど体型をアレンジしても◎

 →  →

完成!

色ちがいで何人か並べてもかわいい!

---

**忍者**

忍者ポーズは片方の手の指を立てて、もう片方の手を重ねます。
顔の下に手を描いてから腕の線をつなげましょう。

 →  →

完成!

派手にせず、1色での着色がおすすめです。

# いきもの

虫や魚、動物は、見た目や印象などの特徴的な
部分に注目してわかりやすく描きましょう。

**point**

着色はファンタジーと
して、実際よりイメー
ジを優先します。

---

**だんごむし** かまぼこのような輪郭に縦線を描きましょう。
線は曲線にして立体感を出します。

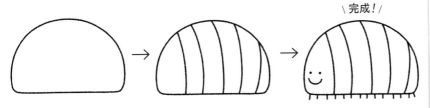

\ 完成！/

**カラー**

黒くすると顔がわかりづらいの
で、はいいろで塗ります。

---

**てんとうむし** 横から見た姿を、頭と体に分けて描くと簡単です。
キャラクターらしいかわいい姿になります。

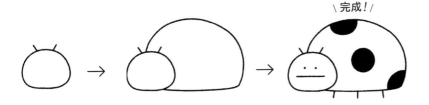

\ 完成！/

**カラー**

顔は淡い色で着色し、顔を
しっかり見せましょう。

---

**かえる** がまぐち財布のような輪郭に、手足をつけましょう。
手足は水かきがあることを意識して指を描きます。

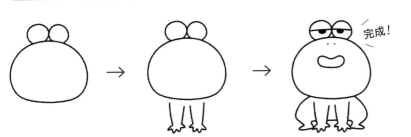

\ 完成！/

**カラー**

歌っている表情にアレンジして
もかわいくなります。

## くわがた

ギザギザした「はさみ」が特徴です。
頭、胸、腹の順に描いて足をつけましょう。

 →  →   完成！

小さな黄色のほっぺでかわいい印象に。

---

## かぶとむし

キャラクターらしく小さなツノを省略し、
目や口を描くとかわいく仕上がります。

 →  →   完成！

木の幹にとまっているように見せても◎

---

## きんぎょ

ひらひらした尾びれや胸びれを大きめに描きましょう。
さかなと印象を変えることができます。

\ 完成！/

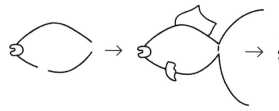

ひれに向かって濃淡をつけてグラデーションにしても◎

---

## かめ

はじめに甲羅を描き、サイズ感を決めましょう。
頭を少し持ち上げて描くのがポイントです。

\ 完成！/

頭と手足、しっぽは同じ色でそろえましょう。

**さかな**　体と尾びれはつなげて描き、
後から背びれと胸びれを描きます。

\ 完成！/

少し傾けて描くと泳いでいる
雰囲気が出せます。

---

**かに**　最初に角の丸い四角を描きます。
そこに目やはさみ、足などのパーツをつけましょう。

\ 完成！/

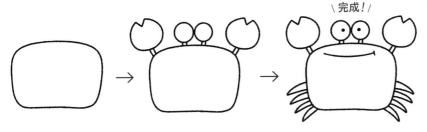

着色はだいだい色や赤がおす
すめです。

---

　体をすべてつなげるとバランスがとりづらいので、
胴体、頭、足の順に分けて描きます。

\ 完成！/

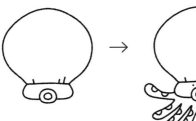

吸盤はすべて赤で塗った足に
白いペンで描いてもよいでしょう。

---

　甲の部分の胴は大きく、10本足は短く描きます。
足の両端を少し上げるところがポイントです。

\ 完成！/

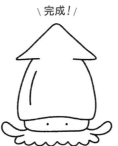

目の横に赤やピンクでほっぺ
をつけるとかわいい！

**ペンギン** 頭を大きめに描き、体の丸みを意識しましょう。
顔が頭の中心にくるようにくちばしを中央に描きます。

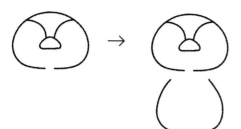

\ 完成！/

青や黒の体に、くちばしと足
の黄色がポイントです。

---

**アシカ** ひれを使って体を起こした姿勢が特徴です。
頭の先に鼻を描いて顔の位置を決めましょう。

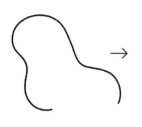 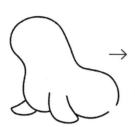 

完成！

台の上に立たせると、ショー
のアシカになります。

---

**イルカ** 頭の先に口があることをイメージして少しふくらませます。
ジャンプしている姿は尾びれを小さめに描きましょう。

 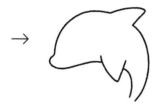 

\ 完成！/

おなかに少し白い部分を残す
とかわいくなります。

---

**クジラ** 丸く大きな体に、横に広い尾びれがポイントです。
口の下に縦線を入れてクジラらしさを表現します。

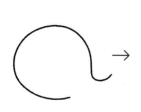  

\ 完成！/

左右に波を描くと海面に上
がって潮を吹いている様子に。

**サメ**　体を太く描くことを意識しましょう。
口から出たキバのような歯がポイントです。

\完成！/

**カラー**

おなかや胸びれの裏を白く残すと、サメらしさがアップ。

---

 **ワニ**　口を長く、鼻や目の位置を意識して輪郭を描きます。
背中はギザギザにしましょう。

\完成！/

**カラー**

おなかの色を変える場合は、うすだいだいがおすすめです。

---

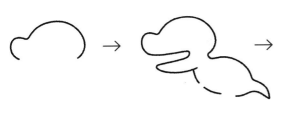 **恐竜①**　ティラノサウルスをイメージした恐竜。
大きな頭で二足歩行、短い前足が特徴です。

\完成！/

**カラー**

おなかの色を変えたり、背中に模様を描いたりしても◎

---

**恐竜②**　トリケラトプスをイメージした恐竜。
3本のツノが特徴です。

\完成！/

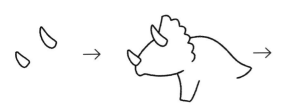

**カラー**

フリルのような頭の先は色を変えるとかわいい！

丸い耳にして頭の輪郭を描きましょう。
おしりにしっぽを小さく描くのがポイントです。

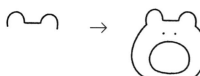

\ 完成！/

鼻のまわりは体よりも淡い色
で塗りましょう。

---

ライオン くまのような丸い耳の輪郭を描いたら、まわりに
たてがみを描きます。サイズ感を意識しておきましょう。

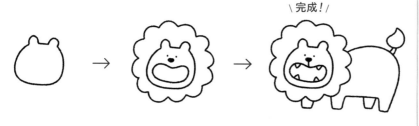

\ 完成！/

たてがみとしっぽの先の毛の
色をそろえましょう。

---

うし はじめに鼻を描くと、全体のバランスがとりやすくなります。
ツノは上向きに、耳はななめ上向きに描きましょう。

\ 完成！/

柄と色を変えるとジャージー牛
にアレンジできます。

---

 耳と頭の毛を描いたら、少し長めに顔を伸ばしましょう。
大きな鼻がポイントです。

\ 完成！/

背中や頭の上の毛、しっぽの
毛は色をそろえましょう。

**パンダ** 目はななめに傾けて、たれ目にしましょう。
耳と目、胸元、手足は黒く塗ります。

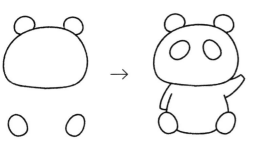

\ 完成！/

**カラー**

手に、竹や笹を持たせてもかわいい！

---

**コアラ** 何かにつかまっているような姿勢にすると
コアラらしい印象に。大きな鼻がポイントです。

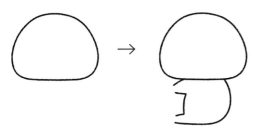

\ 完成！/

**カラー**

四角いフレームにつかまらせると、枠イラストに。

---

**たぬき** 目のまわりをふちどるように描きましょう。
アライグマとまちがえないように耳は丸くするのがポイント。

\ 完成！/

**カラー**

しっぽの先は黒く塗ってもOK。
しま模様はないので要注意。

---

**きつね** 顔まわりをギザギザにしてふわふわした毛を表現。
表情はつり目にするとキツネらしい印象になります。

\ 完成！/

**カラー**

耳や手足の先の色を変えるとかわいい！

**ぞう**　長い鼻と大きな耳が特徴。
体や足は太く、大きく描きましょう。

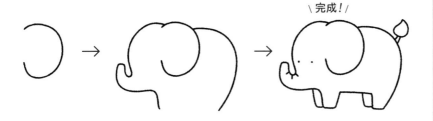

\完成！/

水色やはいいろの着色がおすすめです。

---

**きりん**　首が長く、足が細いシルエットを意識しながら、
キャラクター性を出して顔を大きく描きましょう。

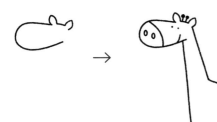

\完成！/

着色は黄・茶系でまとめるとバランスがよくなります。

---

**ぶた**　逆三角のたれ耳がポイントです。
手足は指があるように山の形に描きましょう。

\完成！/

しっぽは、色でなぞってもよいでしょう。

---

**みみずく**　頭の輪郭を描いたらくちばしを描き、目のまわりを囲みます。
耳のような羽角を無しにして、ふくろうとしてもよいでしょう。

\完成！/

おなかまわりは色を変えてもかわいくなります。

**もぐら** 土から顔を出しているシーンを描いて、もぐららしい印象に。
口まわりを囲むことで鼻の立体感を表現します。

\ 完成！/

**カラー**

頭の上にのった土は、地面と色をそろえましょう。

---

 **ねこ** 頭の輪郭を描いてから、体の輪郭を描き足します。
前足は顔の真ん中に合わせてまっすぐ描きましょう。

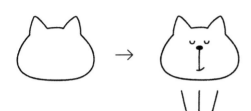

\ 完成！/

**カラー**

色を変えたり柄をつけたりしてアレンジを楽しんで。

PART 2 人物・いきもの いきもの

---

**ハムスター** ほっぺをぷっくりと横にふくらませます。
口を波線にして、もぐもぐしている雰囲気にしても◎

\ 完成！/

**カラー**

ひまわりやかぼちゃの種を持たせて雰囲気アップ。

---

**りす** くるっと巻いた大きなしっぽがポイント。
うず巻きを描いてから、下の線をつなげましょう。

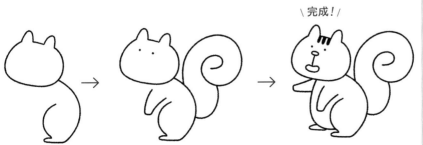

\ 完成！/

**カラー**

しっぽのうず巻きは色でなぞってもかわいい！

## ジャブノオウチが描くとこうなります！
## 1. 干支

干支の動物キャラを着物姿に。今年の干支と来年の干支を描いて、
バトンタッチの様子にしてもよいでしょう。

門松などがあると、
干支の動物は
顔だけでも正月らしい
イラストになります。

# PART 3
# たべもの・のりもの

子どもたちにとって身近なたべもの・のりもの
のイラストの描き方を紹介します。
シンプルで簡単なので、
イラスト初心者にもおすすめです。

# たべもの

野菜や果物、スイーツを描いてみましょう。難易度が高い
料理のイラストも、肉や魚、白ごはんだと簡単です。

✎ ▶point
丸みや厚みなど、立
体感を意識して描きま
しょう。

**トマト**　はじめにヘタについた枝を描きましょう。
ヘタの両端をつなぐように、実の輪郭を描きます。

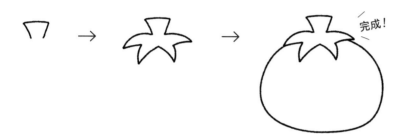

完成！

カラー

形をまんまるにするとミニトマ
トっぽくなります。

---

**じゃがいも**　でこぼこした線で輪郭を描きます。
少しずつ短い線をつなげるように描いてもよいでしょう。

＼完成！／

カラー

芽のまわりは濃くするなど、濃
淡をつけても◎

---

**たまねぎ**　上が開いたフラスコのような輪郭を描き、
ギザギザの線で閉じます。底には根をつけましょう。

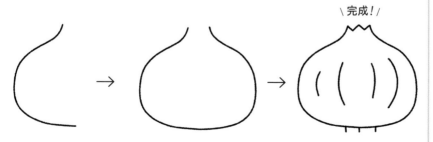

＼完成！／

カラー

着色を赤紫にすると紫たまね
ぎになります。

## にんじん

太めで小さく、葉つきにすると、かわいくなります。
横に入っている繊維の線を端に少しだけ描きましょう。

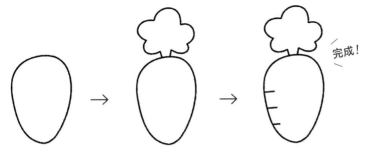

完成！

細長くするなど、描きやすい
形を見つけてみて。

## ピーマン

上にくぼみをつけて、ヘタを描きましょう。
ツヤっとした線を入れてピーマンらしさを表現します。

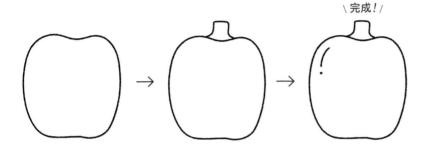

\ 完成！/

黄色やだいだい色で着色する
とパプリカになります。

## ねぎ

アルファベットのYをイメージして輪郭を描きます。
左右非対称にすると、自然な仕上がりに。

\ 完成！/

上は黄緑や緑、下は白のまま
残しておきましょう。

## きのこ

一筆書きで描くと形がゆがみやすいので、
片側ずつ描きましょう。

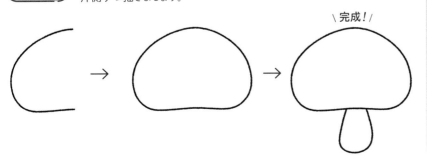

\ 完成！/

食以外のシーンで使うときは
カラフルにしても◎

PART 3 たべもの・のりもの たべもの

**いちご** ヘタの先が反っているようなイメージで描くと
食べ頃のツヤっとしたおいしそうな印象になります。

\ 完成！/

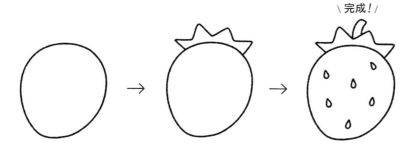

しずく型の種は黄色やうすだ
いだいで塗りましょう。

---

**りんご** ヘタの下にくぼみの線を入れることで立体感を表現。
切った状態は、p76のりんごうさぎを参考にしましょう。

\ 完成！/

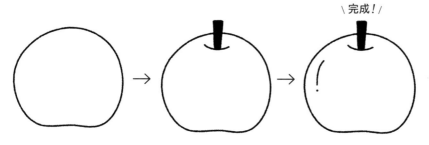

底のあたりを黄色や黄緑で
塗ってもよいでしょう。

---

**ぶどう** つぶを少しずつ重ねて描くのがポイントです。
最初に、いちばん上の左右のつぶを描きましょう。

\ 完成！/

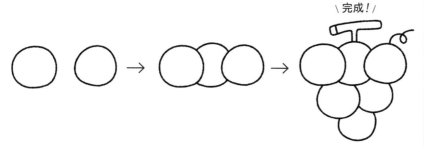

つぶは濃淡をつけて色を変え
てもかわいくなります。

---

**みかん** 大福のような少しゆがんだ輪郭にヘタを描きましょう。
点を散らすと本物らしい質感になります。

\ 完成！/

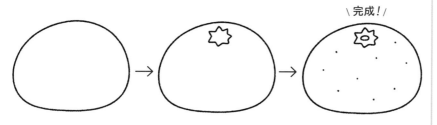

ヘタに葉をつけるとかわいさ
がアップします。

**バナナ**　少しカーブさせて厚みを出すのがポイント。
底に向かって少し太く描きましょう。

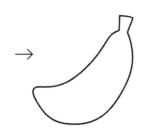 →  \ 完成！/

カラー

黄緑を重ねて塗ってもよいで
しょう。

---

**すいか**　切った後の姿は、赤や緑の色や種の形などで、
すいからしさをわかりやすく描くことができます。

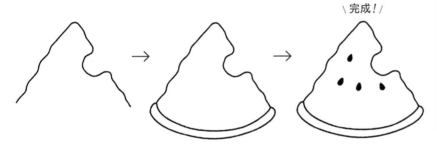 \ 完成！/

カラー

全体を赤に着色してから種を
描いてもよいでしょう。

---

**プリン**　さくらんぼをのせると、少しリッチなスイーツに。
カラメルがたれている様子は均等にしないほうが自然です。

 → 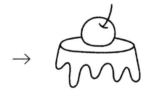 →  完成！

カラー

お皿やデザートグラスにのせ
るなどアレンジしても◎

---

**アイスクリーム**　コーンのアイスは、上の部分を先に描きます。
少し溶けた様子にするとかわいくなります。

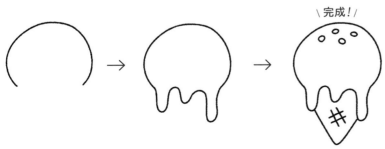 \ 完成！/

カラー

味を変えたりトッピングをした
り、アレンジを楽しんで。

**ケーキ** カップケーキっぽく仕上げると簡単で描きやすくなります。
生クリームはふんわりとした丸みを意識しましょう。

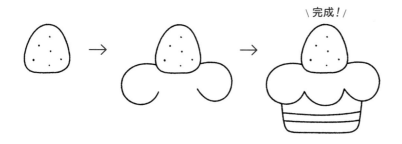

\ 完成！/

ろうそくを立てるとお誕生日
ケーキになります。

---

**ジュース** ジュースは、コップを透明のグラスにしましょう。
ストローがあるとジュースらしい印象になります。

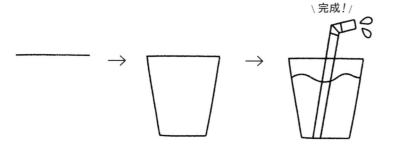

\ 完成！/

小さな丸を描き足すと炭酸
ジュースの印象に。

---

**ロールパン** 雲のようなもくもくした輪郭を描き、
上下のくぼみを曲線でつなぎましょう。

\ 完成！/

底を白っぽくすると焼き上がり
のような雰囲気に。

---

**食パン** 平面の輪郭を描いてから、厚みを出します。
下の角は少し丸みをもたせましょう。

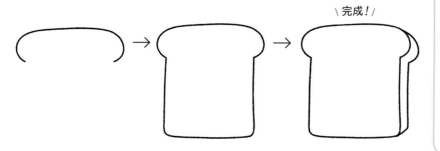

\ 完成！/

厚みの部分は耳なので、茶
色で塗りましょう。

**おにく**　平面の輪郭に厚みを出すと簡単にステーキが描けます。
格子柄を描いて焼き目を表現しましょう。

\ 完成! /

**カラー**

焼き目の線は、濃い茶色で
重ねて描いてもよいでしょう。

---

**さかな**　いきもののさかな（P61）と描き分けるポイントは、
傾けずまっすぐ描いて、ほっぺをつけないことです。

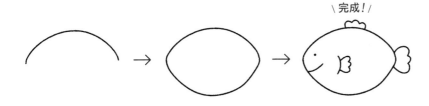

\ 完成! /

**カラー**

食育等で使うときは青魚にす
るとよいでしょう。

---

**ごはん**　お茶わんの線はまっすぐ描くのがポイント。
細かな波線でごはんのつぶを表現しましょう。

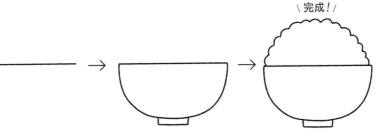

\ 完成! /

**カラー**

お茶わんは好きな色や柄にア
レンジしましょう。

---

**みそ汁**　おわんを先に描き、おわんの曲線に合わせて汁の線を描きます。
具材は四角や円で描きましょう。

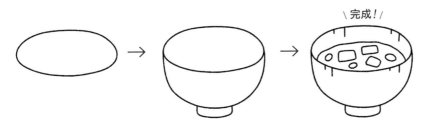

\ 完成! /

**カラー**

木や漆のおわんの色にすると
わかりやすくなります。

ジャブノオウチが描くとこうなります！

2. お弁当

おにぎりにサンドウィッチ、いろいろなお弁当を描きました。
おかずに表情をつけてにぎやかで楽しい雰囲気に。

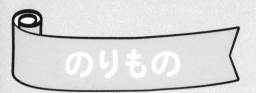

## のりもの

子どもに人気がある街で見かけるのりものや
働くのりものを描きましょう。

▭▷ point

描く向きで進行方向
が決まります。左右
反転も練習しましょう。

 **三輪車** はじめにハンドルとタイヤ、サドルを描くと、全体の
バランスが見えてきます。ペダルは最後に描きましょう。

\ 完成！/

カラー

サドルとフレームは色を変えて
わかりやすくします。

 **車** 最初に、タイヤと輪郭を描きます。窓を車全体の輪郭に合わせて
描いたら、その下にドアハンドルを描きます。

\ 完成！/

カラー

ガスが出ている様子を描くと
走っている印象になります。

 **バス** 進行先が右だと扉はありません。
左右反転させたときは、扉を忘れずに描きましょう。

\ 完成！/

カラー

動物や花などを描くとスクール
バスになります。

**電車** タイヤは下半分だけ見えているのがポイントです。
長い電車にしたいときは、いくつか連結させましょう。

\ 完成！/

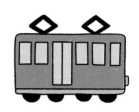

上半分と下半分で色を変える
など、アレンジを楽しんで。

---

**新幹線** 頭の先を細くして、運転席の窓を描きます。
連結させるときは四角い車両をつなげましょう。

\ 完成！/

実際の新幹線の色を参考に
着色してもよいでしょう。

---

**飛行機** 手前の翼、胴体、奥の翼の順に描きます。
操縦席の窓を横に長くするのがポイントです。

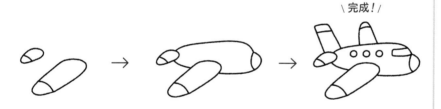

\ 完成！/

頭を上へ傾けると空を飛んで
いる様子を表現できます。

---

**ヘリコプター** 胴体と翼を描いて、最後にプロペラを描きます。
着陸するときの足（スキッド）も忘れずに。

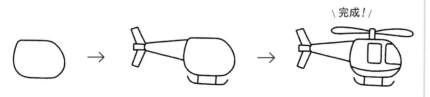

\ 完成！/

頭を少し下げると飛んでいる
様子を表現できます。

船

ポケットのような形に客室2段と、えんとつを描きます。
船体を横長に描くと豪華客船の雰囲気に。

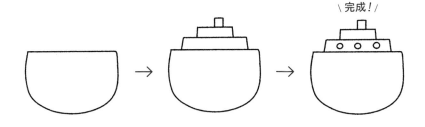 \完成！/

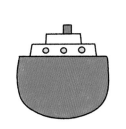 カラー

船体に文字を書いて、枠イラストとしても活用できます。

---

 気球

バスケットとバルーン部分を分けて描き、線でつなぎます。
バルーンは横にふくらむような曲線を意識しましょう。

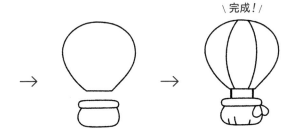 \完成！/

 カラー

バルーンの柄や模様は自由にアレンジしてみて。

---

 UFO

見た目に特徴のあるドーム型にすると簡単です。
ドーム部分には、ガラスのツヤっとした線を描きましょう。

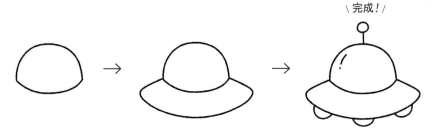 \完成！/

 カラー

ドームの中に宇宙人をのせてもおもしろいでしょう。

---

 ロケット

先が細い山の形の機体に、丸い窓を描くと
ロケットらしい印象になります。

   \完成！/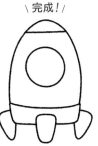

 カラー

下から炎を出すと、飛び立つ様子を表現できます。

PART 3 たべもの・のりもの のりもの

79

## トラック

車体は四角く、角をしっかり描きます。大型トラックにする場合は車体を伸ばしてタイヤを増やしましょう。

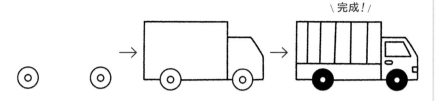

\ 完成！/

模様やロゴをアレンジすると引越しや配達のトラックに。

---

## パトカー

赤ランプと、車体の下半分が黒いのが特徴です。車体の前と後ろでライトの高さを変えましょう。

\ 完成！/

車体の下半分が黒なので、タイヤの色は、はいいろに。

---

## 救急車

ランプは前と後ろの両方に描きます。車体の真ん中に、赤いラインを引きましょう。

\ 完成！/

ランプの上に短く線をつけると光って出動中の様子に。

---

## 消防車

箱型の車体の上にハシゴ、車体の横にホースをつけると消防車らしさを出せます。ランプも忘れずに！

\ 完成！/

ハシゴとホースの色をそろえるとバランスがよくなります。

# PART 4
# 遊び・道具

玩具はもちろん、製作遊びや運動遊びに
使うアイテムのイラストの描き方を紹介します。
イラストを使って子どもたちに
わかりやすく伝えましょう。

# 絵本・玩具・楽器

遊びにかかわるアイテムは子どもらしさがあり、
さまざまな場面で活用できます。

**絵本** 横長にして動物や人物の表紙をつけると、
ずかんやノート、連絡帳などと描き分けることができます。

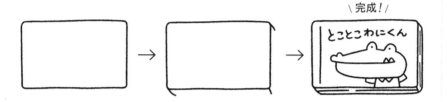

\ 完成！/

とことこわにくん

とことこわにくん

綴じているほうに色をつけると
わかりやすくなります。

---

**図鑑** 植物やいきものを表紙に描いて図鑑らしい印象に。
厚みを表現するため、角は丸みをもたせないようにします。

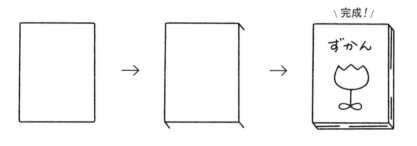

\ 完成！/

ずかん

ずかん

厚みの部分は紙が見えている
ので白く残します。

---

**紙芝居** 舞台をつけると、簡単に紙芝居らしさが出せます。
左右はななめに開いているように見せるのがポイントです。

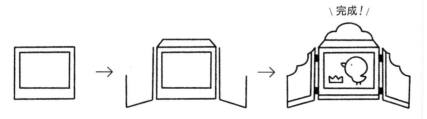

\ 完成！/

後ろに保育者を描くと読んで
いる場面になります。

**つみき**　三角、四角、円など、いろいろな形でかわいい印象に。
平面の図形を描いて奥行の線を描き足しましょう。

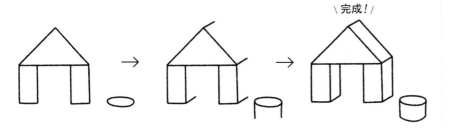

\ 完成！/

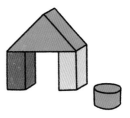

ちがう色で着色すると一つ一
つがわかりやすくなります。

**ブロック**　はじめに高さをあらわす縦線を描いてサイズ感を決めましょう。
線をつないで大きさが見えたら、突起部分を描きます。

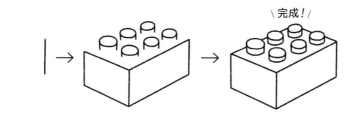

\ 完成！/

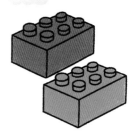

色ちがいでいくつか並べて描
くのがおすすめです。

**パズル**　はじめに角のみの四角を描きます。
あいたところに、突起やへこみを描きましょう。

完成！

ななめにしてピースが散って
いる様子を表現しましょう。

**ぬいぐるみ**　頭、体、手足はパーツとして分けて考えます。
ぽっこりしたおなかと縫い目の線がポイントです。

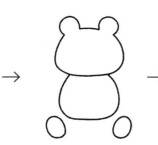

完成！

足の先は色を変えてみるなど、
好きな色で着色しましょう。

**ボール**

円を描き、模様をつけます。
描きたいサイズをイメージしてまんまるに描きましょう。

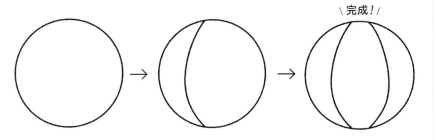

＼完成！／

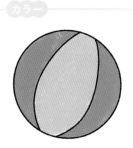

傾けて描くと、転がっている
様子を表現できます。

---

**砂場バケツ**

子どもが使う遊び用のバケツは、
握りやすい形と太さの取っ手にしましょう。

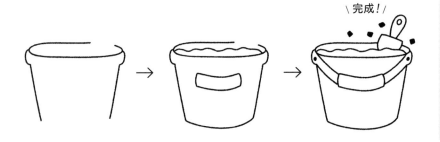

＼完成！／

カラフルにすると、子どもらし
さがアップします。

---

**スコップ**

持ち手を太くするのがポイント。
スコップの先は少し丸みをもたせましょう。

＼完成！／

先も明るい色で着色するとプ
ラスチック製の印象に。

---

**じょうろ**

注ぎ口と先のシャワー部分を同じくらいの高さで描いたら、
輪郭を描き足します。最後に取っ手をつけましょう。

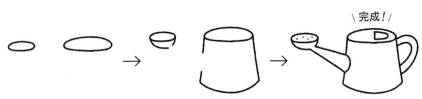

＼完成！／

しずく型の水を描いて、水が
出ている様子にしても◎

**鍵盤ハーモニカ** 輪郭を描いて、ホースをつけましょう。
白鍵は均等な幅で描くのがポイントです。

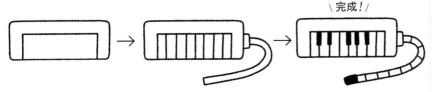

\完成！/

まわりに音符を描くと、楽しい雰囲気を演出できます。

---

**タンブリン** 少し幅の広い円を描き、厚みを出しましょう。
半円のシンバルは少しずつ間をあけて描きます。

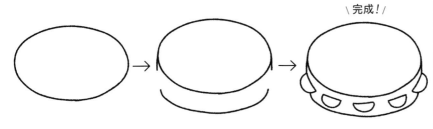

\完成！/

たたく面は、白もしくはうすだいだいがおすすめです。

---

**すず** 円を4つ、アーチ状に並べて描き、すき間を線でつなぎます。
すずの中は穴が開いているので黒で塗りましょう。

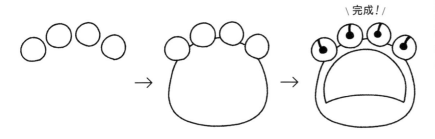

\完成！/

銀色のすずは、はいいろで塗るとよいでしょう。

---

**もっきん** 鍵盤の長さは左の低い音が長く、右の高い音は短くなります。
長さがちがう左右の線を描いてななめにつなげましょう。

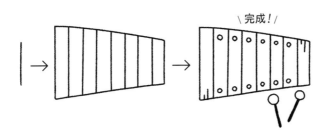

\完成！/

鍵盤ごとに色を変えると、子どもらしくてかわいい！

# 文具・道具

活動に使う文具や道具、製作に使う素材は、
イラストつきのラベルにすると環境設定に役立ちます。

point
わかりやすさを意識して、本物をイメージしながら描きましょう。

---

**はさみ**　刃の向きに注意して描きましょう。
左利き用のはさみは、刃の向きが反対になります。

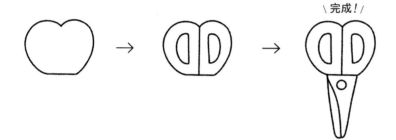

\ 完成！/

カラー

持ち手を赤や黄色、青などにすると幼児用はさみの印象に。

---

**のり**　フタがついたボトル式にするとわかりやすいでしょう。
帽子のつばをイメージして、開け口をつけます。

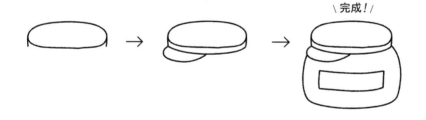

\ 完成！/

カラー

フタとボトルは色を分けるのがおすすめです。

---

**テープ**　はじめに真横から見たテープカッターの輪郭を描きます。
テープを描き足したら、カッターの先まで伸ばしましょう。

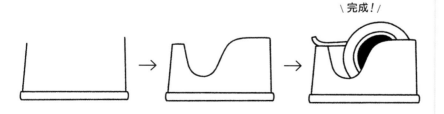

\ 完成！/

カラー

透明のテープは白だとわかりづらいので黄色にすると◎

**ホチキス**

ホチキスの下部に対してななめに上部を描きます。
芯を入れる箇所を描き足し、全体を金具でつなげましょう。

\ 完成！/

芯を入れる箇所と全体をつなぐ金具は色をそろえましょう。

---

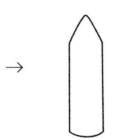
**えんぴつ**

太く短く描くと、大きく見えてわかりやすい印象に。
削っていない部分に線を入れて木の雰囲気を表現します。

\ 完成！/

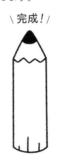

芯の色を変えると、色えんぴつになります。

---

**クレヨン**

先を丸くして、えんぴつより太くするのがポイントです。
持ち手に紙が巻かれている様子を描きましょう。

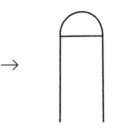

\ 完成！/

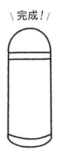

複数並べて描き、四角で全体を囲むとクレヨンセットに。

---

**マジック**

台形の上にペン先を描きます。
ペン先はとがらせないで、丸みを意識しましょう。

\ 完成！/

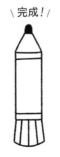

キャップと本体がわかるように塗り分けましょう。

**絵の具** キャップを外して、絵の具が少し出ている様子にすると
動きがあってわかりやすくなります。

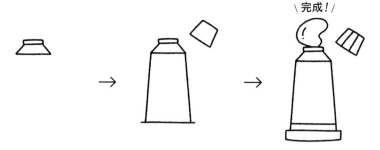

\ 完成！/

キャップやラベルは絵の具と
同じ色でそろえましょう。

---

**おりがみ** ポイントは正方形に描くこと。はじめに高さの縦線を
二等辺三角形になるように描くとバランスよく描けます。

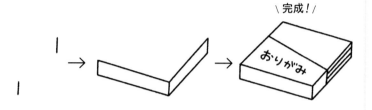

\ 完成！/

おりがみでつくったチューリッ
プなどを一緒に描いても◎

---

**ねんど** ケースに入っているねんどを描きます。
本体とフタを少し重ねるとわかりやすいでしょう。

\ 完成！/

茶色は土ねんど、黄緑やはい
いろは油ねんどの印象に。

---

**リボン** ドーナツのような穴の開いた円を描きます。厚みを出して
先がカットされたリボンの端を描き足しましょう。

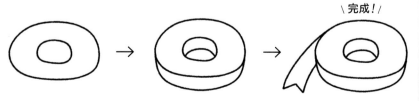

\ 完成！/

柄のリボンにする場合は、側
面のみに柄を描きましょう。

**毛糸** ゆがみのある線で円を描きましょう。巻きついている糸の線は、手前は太く、奥は細くして立体感を表現します。

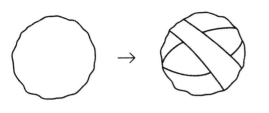 \ 完成！/

1本はみ出した端の糸は、色でなぞってもよいでしょう。

---

 **ペーパー芯** 丸い筒にななめの線を描きます。トイレットペーパーの芯は短く、キッチンペーパーやラップの芯は長く描きましょう。

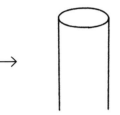 \ 完成！/

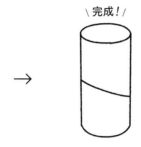

芯の内側は外側より濃く塗って、かげをつくっても◎

---

 **ペットボトル** 底を少しでこぼこさせると本物らしくなります。容量に合わせて細さや長さを調整しましょう。

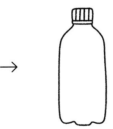  \ 完成！/

キャップやラベルを外すなど、アレンジしてみて。

---

**あき箱** フタと本体が分かれるタイプの箱の描き方です。図形を描くように線は平行に、角はしっかり描きましょう。

\ 完成！/

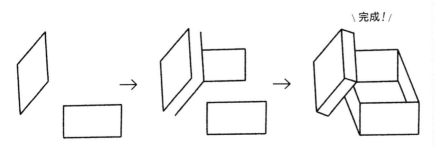

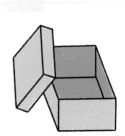
フタと本体の色を変えてもよいでしょう。

# 遊具・運動

遊具や運動器具は、遊びや運動など使う場面を選びません。
園内マップやサーキット遊びの説明などにも活用しましょう。

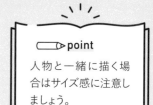

point

人物と一緒に描く場合はサイズ感に注意しましょう。

---

 **砂場** 　砂の様子は、波線や点で表現します。
スコップや砂山があると、よりわかりやすいでしょう。

\ 完成！/

砂の色はうすだいだいや茶色、はいいろがおすすめです。

---

**すべり台** 　はじめに、すべる部分の左右の壁を描きます。
壁が低いと危険な印象になるので注意しましょう。

\ 完成！/

部分ごとに色分けすると子どもらしい印象に。

---

**うんてい** 　ハシゴの幅をイメージしてマッチ棒のような柱を3本
描きます。ハシゴをアーチ状に描くのがポイントです。

\ 完成！/

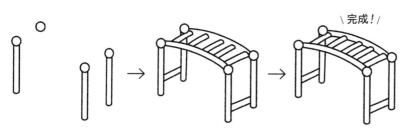

柱やハシゴ一つ一つを丁寧に塗りましょう。

**てつぼう** 柱の頭を少し太くすることで、丈夫で安全な印象に。
横の棒はまっすぐ、平行に描きましょう。

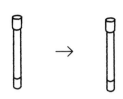

\ 完成！/

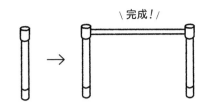

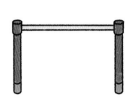

高さちがいのてつぼうを並べて描いてもよいでしょう。

---

**なわとび** ふたつの持ち手を描き、1本のなわでつなげます。
なわの線は、ふくらませて長さを出しましょう。

\ 完成！/

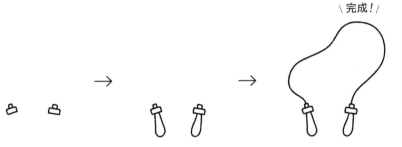

持ち手は2色使って着色するとかわいく仕上がります。

PART 4 遊び・道具

遊具・運動

---

**とび箱** 上段の帆布生地部分は角を丸く描きます。
段数は使う場面に合わせて調整しましょう。

\ 完成！/

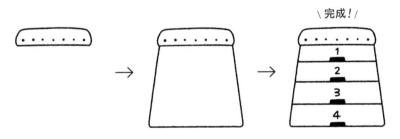

茶色でそろえると、よりとび箱らしい印象になります。

---

**フラフープ** 少し横に広い二重の円を描きましょう。
幅を均一にするのがポイントです。

\ 完成！/

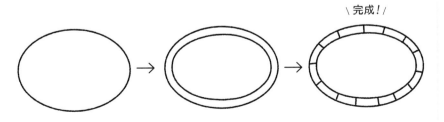

線をななめにして、ねじったような模様にしても◎

COLUMN

ジャブノオウチが描くとこうなります！

3、運動会の競技

くま先生たちの運動会準備の様子を描きました。
運動会のおしらせやプログラムなどにぜひ活用してください。

# PART 5

# 生活

持ちものや生活習慣にかかわるものなど、
園生活に欠かせないイラストの描き方を
たっぷり紹介します。
さまざまな子どもの姿にも注目してください。

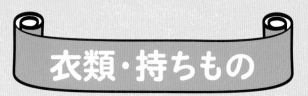

# 衣類・持ちもの

用意や提出、記名などを保護者に向けてお願いすることも多い
持ちものは、イラストを活用してわかりやすく伝えましょう。

**point**
アイテムによっては、
幼児と乳児で使い分
けましょう。

**Tシャツ** 首元の形と身幅を描き、肩や袖を描きましょう。
長袖の場合は、少し袖の幅を細くして長くします。

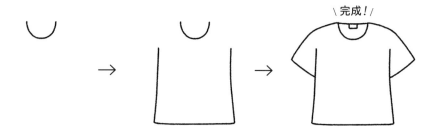

\ 完成！/

**カラー**

色やポケットの有無で体操服
にアレンジできます。

**ズボン** 切れ込みのある台形をイメージして描きましょう。
左右対称に、図形を描くことを意識してみて。

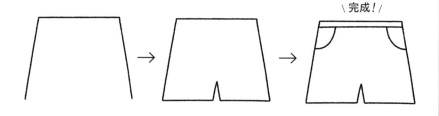

\ 完成！/

**カラー**

左右の角のポケットは色を変
えるとかわいくなります。

**肌着** はじめに、首元や袖まわりを描きます。
首の後ろ側は最後に描きましょう。

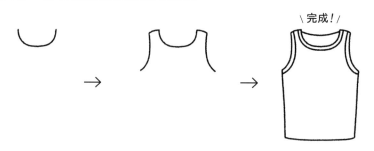

\ 完成！/

**カラー**

首元や袖まわりは色をつける
と輪郭がはっきりします。

**くつした** はじめに横線を描き、サイズ感を決めましょう。
デザイン性のあるかかと部分がポイントです。

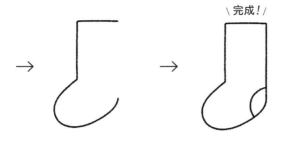

\ 完成！/

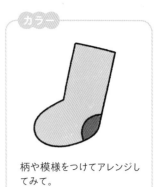

柄や模様をつけてアレンジしてみて。

---

**エプロン** 調理用エプロンは、袖がない輪郭に
肩ひもとポケットを描き足します。

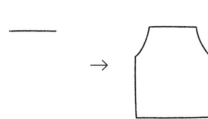

\ 完成！/

ポケットは左右につけてもかわいくなります。

---

**スモック** 汚れ防止のスモックは長袖に。袖の先に縦線を描いて
ゴムでしぼった形を表現しましょう。

\ 完成！/

洋服に見えないように無地で単色にすると◎

---

**帽子** 園帽子はつばがあるハットタイプに。
つばの端を丸く描くのがポイントです。

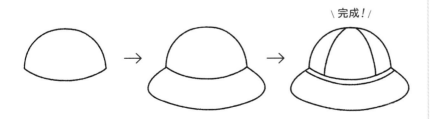

\ 完成！/

実際の帽子に合わせてリボンや帽章をつけてよいでしょう。

**うわぐつ** 真上から見た様子だと簡単に描くことができます。
足を入れる部分は輪郭に形を合わせましょう。

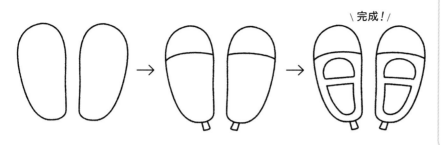

\ 完成！ /

足先に色をつけると、わかり
やすくなります。

---

**くつ** 運動ぐつは、ベルトをつけるとわかりやすくなります。
ソール部分に線を入れることで外履きの印象に。

\ 完成！ /

2〜3色でまとめるとバランス
がよくなります。

---

**お着替え袋** 巾着のバッグは、金魚ばちのような輪郭を描きます。
破線を描いて口をしぼった様子を表現しましょう。

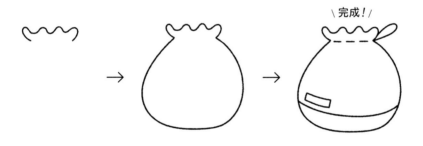

\ 完成！ /

白のお名前タグをつけると、
雰囲気アップ！

---

**手さげバッグ** 角が丸い長四角に持ち手をつけましょう。底の線を
少しふくらませると荷物が入っているように見えます。

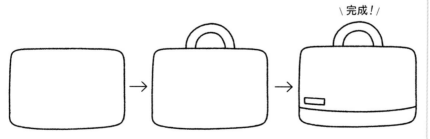

\ 完成！ /

ふたつの生地を縫い合わせて
いるイメージで着色します。

園バッグ
四角い輪郭にマチをつけて箱型のタイプに。
ひもはななめがけできるように長めに描きましょう。

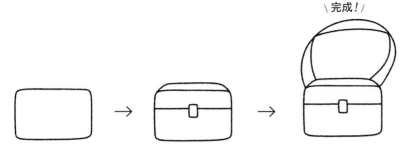

\ 完成！/

カラー

実際の園バッグに合わせて色
や柄をアレンジしてみて。

---

リュック
留め具やポケットでリュックらしさを表現。
肩ひもを左右から少し見せるところがポイントです。

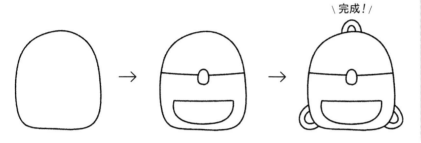

\ 完成！/

カラー

高さを低くすると低年齢児用
の印象になります。

---

名札
チューリップなどわかりやすいモチーフに
安全ピンをつけましょう。

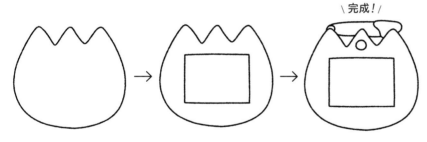

\ 完成！/

カラー

いろいろなモチーフで練習し
てみましょう。

---

連絡帳
タイトルの下に名前を記入する欄があると
ノートや本と印象に差を出せます。

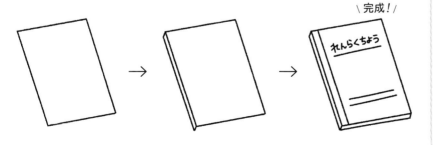

\ 完成！/

れんらくちょう

カラー

れんらくちょう

リング式や、手帳型などアレ
ンジに挑戦してみて。

**ビニール袋** はじめに、持ち手の高さまで左右の線を描きます。
左右対称になるよう意識して線を描きましょう。

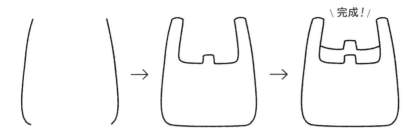

\ 完成！/

色や柄を変えるとエコバッグ
のイラストに。

---

**歯ブラシ** はじめに歯ブラシの背を描いて、バランスを見ながら
持ち手の長さを伸ばしましょう。最後にブラシをつけます。

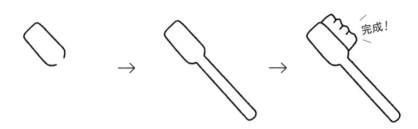

完成！

ブラシの先を広げると、交換
時期の案内に活用できます。

---

**お弁当袋** お弁当が入っていることをイメージして四角い輪郭に。
巾着のひもは左右両方に描きましょう。

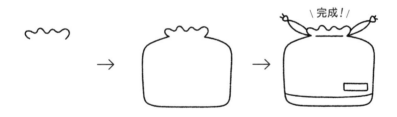

\ 完成！/

優しい色で着色するとあたた
かい雰囲気になります。

---

**おはしセット** スプーンとフォーク、おはしが入ったセットです。
おはしを真ん中にするとバランスがよくなります。

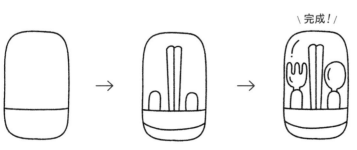

\ 完成！/

スプーンとフォークの持ち手と
おはしの色をそろえると◎

**水筒**　コップタイプでひもをつけると子ども向けの水筒に見えます。
ひもは最後に描きましょう。

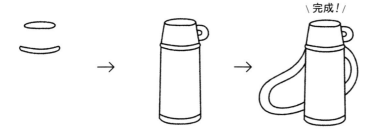

\ 完成！/

コップと本体、またはひもだけ色を変えてみても◎

---

**コップ**　底に向かって少し幅をせまく描きます。幅を変えないで
高さを低く描くと、歯みがきコップになります。

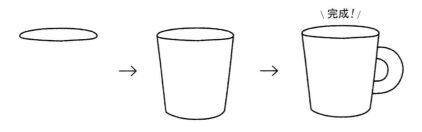

\ 完成！/

寒色だと冷たい飲みものを入れている印象に。

---

**ループタオル**　フックにひっかける輪つきのタオルは、
輪を上にしてひし形を描きます。

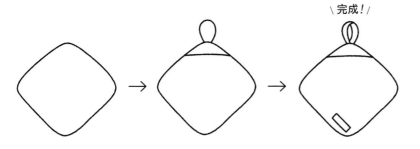

\ 完成！/

同系色でかわいく着色。お名前タグも忘れずに。

---

**まきまきタオル**　プール遊びなどで使うボタンつきのタオルは、
ゴムが通っている様子をイメージして描きましょう。

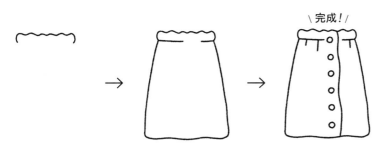

\ 完成！/

夏っぽいさわやかな柄や模様にすると雰囲気アップ。

**水着①** 男の子用の水着は、ゴムひもつきの短いズボンに。
お名前タグをつけると服のズボンと印象に差を出せます。

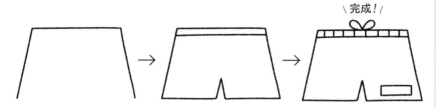

\ 完成！/

ゴムが入ったウエスト部分は
色を変えて目立たせます。

---

**水着②** 女の子用の水着は、肩ひもがついたタイプに。
水着①をパンツとしてセパレートタイプにしても◎

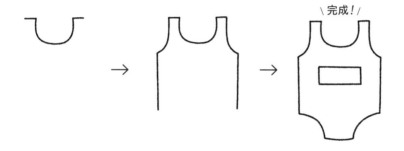

\ 完成！/

肩ひもをフリルにすると、かわ
いさアップ。

---

**水泳帽** トンネルを描くイメージで輪郭を描きましょう。
お名前タグがあると縫い目の線が描きやすくなります。

\ 完成！/

お花やリボンをつけるなどアレ
ンジしてみて。

---

**ゴーグル** レンズは、2本の斜線で反射している様子を表現。
カラーで着色すると、よりわかりやすくなります。

\ 完成！/

レンズは淡い色で塗り、反射
部分は白く残すと◎

乳児は園に持ってくるものや預けるものがたくさん！
おたよりやポスターなどはイラストでわかりやすく伝えましょう。

優しい色味で着色して
やわらかい雰囲気に。
白や青は清潔な
印象になります。

# 環境・生活習慣

子どもの生活環境に注目し、関連するイラストを描きましょう。
保育室の様子を描く場合にも役立ちます。

✏️ ▶ point

家具にあたるものは、まっすぐな線と角を意識して描きます。

**ハンドソープ** ポンプを先に、後からボトルを描きましょう。
お花のような形の泡がポイントです。

\ 完成！/

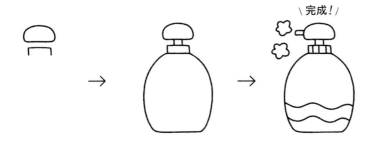

**カラー**

液体タイプの場合は、泡をしずく型にアレンジしてみて。

---

**ばいきん** 手洗いや歯みがきなど、さまざまな場面で活用できます。
チクチクした三角のツノとしっぽがポイントです。

\ 完成！/

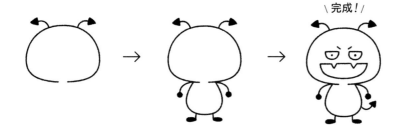

**カラー**

細いフォークのようなヤリを持たせても◎

---

**蛇口** はじめに、クロスしたつまみを描きましょう。
つまみの下の管は丸くするとわかりやすくなります。

\ 完成！/

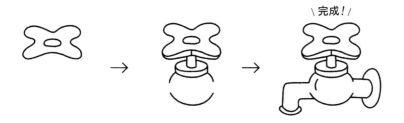

**カラー**

水が出ている様子を描いてもよいでしょう。

**トイレ**

全体をななめ前から見た様子が描きやすいでしょう。
はじめにフタを描くと、サイズ感をイメージできます。

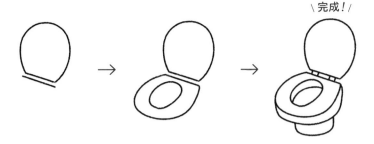
＼完成！／

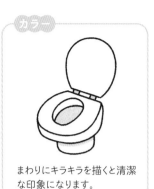

まわりにキラキラを描くと清潔
な印象になります。

---

**おまる**

はじめに、T字のハンドルをななめに描きます。
そのななめの向きに合わせて座面を描きましょう。

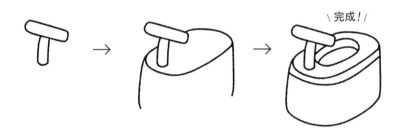
＼完成！／

ハンドルを目立つ色にすると
立体感が出せます。

---

**つくえ**

正面から見たつくえは、手前のみ天板の厚さを出して
台形の輪郭を描きます。横長にするなど調整しましょう。

＼完成！／

天板と脚はちがう色で着色し
ても◎

---

**いす**

背もたれをつけて座面は広く描きます。
脚を短くすると、子どもいすらしい印象になります。

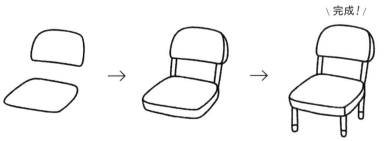
＼完成！／

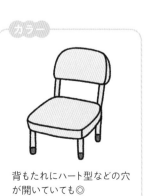

背もたれにハート型などの穴
が開いていても◎

PART 5 生活

環境・生活習慣

**くつ箱** 棚板の高さをせまくするのがポイント。
何か所かくつを入れておくとわかりやすいでしょう。

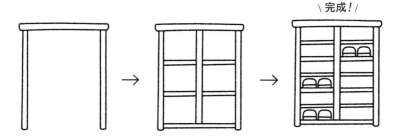

\ 完成！/

カラー

くつは、それぞれちがう色で
塗ると子どもらしい印象に。

---

**タオルかけ** コの字型の台に、バーを描いてタオルをひっかけます。
バーは段ちがいにすることで奥行き感を表現します。

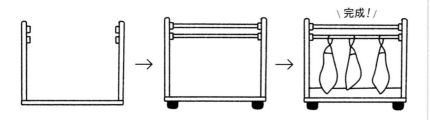

\ 完成！/

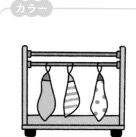

カラー

台とバーの色を変えるとわか
りやすくなります。

---

**お道具箱** 角をしっかり描くと丈夫な印象に。
フタから下の箱を少し見せるところがポイントです。

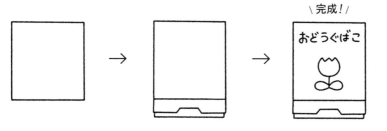

\ 完成！/

おどうぐばこ

カラー

おどうぐばこ

チューリップは好きなモチーフ
に変えてアレンジしてみて。

---

**ロッカー** 正面から見た様子を描き、奥行きを足しましょう。
フックにかけた園バッグがポイントです。

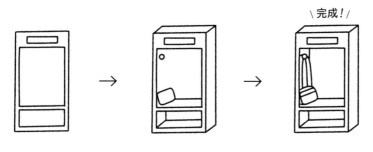

\ 完成！/

カラー

ロッカーの内側と外側は濃淡
で色に差を出しても◎

**布団**　掛布団を描き、少しはみ出した敷布団を描きましょう。
角は少し丸く、線は直線にしないのがポイントです。

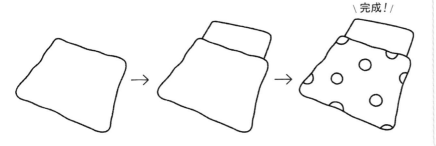

\ 完成！/

枕がないとお昼寝、枕があると夜就寝の印象になります。

---

**コット**　簡易ベッドのコットは、短い脚と角のフレームがポイント。
角のフレームは最後に描きましょう。

\ 完成！/

角のフレームは、厚み部分も同じ色で塗りましょう。

---

**布団カバー**　少しずらしたりめくれたりしている様子を描いて
折りたたんでいる状態をわかりやすくしましょう。

\ 完成！/

お名前タグがあると、よりわかりやすい印象に。

---

**おさんぽカート**　外出時に子どもがのるカートは、タイヤをつけた
箱を描きましょう。1か所にハンドルをつけます。

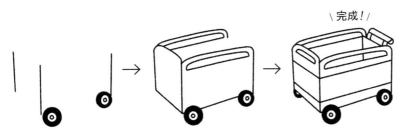

\ 完成！/

側面は園名を描くなどアレンジしてみて。

# 衛生用品

病気やけが、感染症対策などに通年使えるイラストです。
保育生活以外でも活用できます。

**救急箱** フタが金具でとまるタイプだとわかりやすくなります。
左右の金具と同じくらいの幅で取っ手を描きましょう。

\ 完成！/

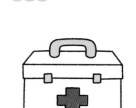

カラー

水色で着色すると、透明なプ
ラスチック製の印象に。

**ばんそうこう** テープ部分に点を描くと、ばんそうこうらしい
印象に。幅や形を変えてアレンジしてみて。

\ 完成！/

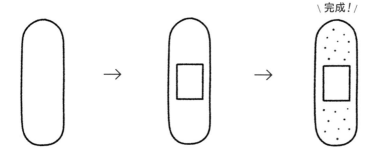

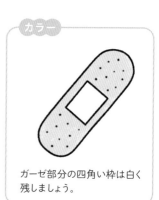

カラー

ガーゼ部分の四角い枠は白く
残しましょう。

**体温計** 先を細く描いたらななめに線を伸ばして幅を広げます。
まっすぐの線で続きの輪郭を描きましょう。

\ 完成！/

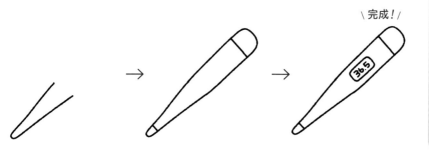

カラー

乳児用の体温計（P101）は
画面を大きくしましょう。

**包帯** 筒形の上部にうずを描いて、ぐるぐる巻いている様子を表現。
はみ出した部分を波線にするのがポイントです。

 →  →

色はつけないで真っ白にして、
清潔な印象に。

---

**氷のう** はじめにキャップを描いて、次に袋部分を描きます。
袋は少しゆがんだ線で描くとよいでしょう。

 →  → \完成！/

カラー

袋部分は青や水色で塗ると、
冷たい印象になります。

---

**くすり** 子ども向けに見せるには、錠剤ではなく粉薬を
描くとよいでしょう。

 → 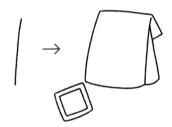 → \完成！/

カラー

袋のマチ部分の色を変えると
立体感が出ます。

---

**マスク** 四角い枠にひもをつけて、じゃばら状の線を描きます。
ひもは耳のような形をイメージして描きましょう。

 →  → \完成！/

カラー

色や柄をつけて布マスクにア
レンジしても◎

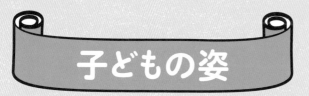

# 子どもの姿

園生活で子どもはさまざまな姿を見せてくれます。
動きのある、元気いっぱいの様子を描いてみましょう。

**おじぎ**　頭を下げている様子は、頭を少し大きく描きましょう。
手を前にそろえて、「ペコリ」の動きの線もつけます。

 → 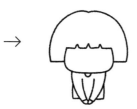 \ 完成！/

カラー

顔の重心は少し下げて、目を閉じると◎

**手を上げる**　「おーい」という呼びかけや「はーい」という返事などに使えます。
片手を耳の横まで上げましょう。

 → 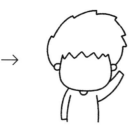 \ 完成！/

カラー

イラストと一緒にセリフを描いてもよいでしょう。

**話す**　ひじを曲げて両手を上げ、話をしている様子を表現。
手のひらは上向きにするのがポイントです。

\ 完成！/

カラー

表情を変えると話している内容の印象が変わります。

**歩く**　体は真っすぐ、片手と片足を前後に出します。
ひじは軽く曲げて自然に見えるようにしましょう。

 →  → \ 完成！/

表情を左寄りにして進行方向
を合わせましょう。

---

 **走る**　体や頭を少し前に倒すように描くのがポイント。
前に出している足はつま先を上に向けましょう。

 → \ 完成！/

体操服にすると、かけっこの
様子になります。

---

 **ジャンプ**　両手はバンザイ、足はひざを曲げて上向きすると
躍動感あるイラストに。表情もポイントです。

 → \ 完成！/

動きの線の下に地面を描いて
もよいでしょう。

---

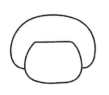 **しゃがむ**　胸の前に手を描いて、少しひざをはみ出すように
描きましょう。表情の重心を下げるのがポイントです。

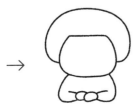 → \ 完成！/

目線の先に、花や虫を描いて
もよいでしょう。

**座る** 床に座っている様子は、足を肩幅に開くと子どもらしい姿勢になります。

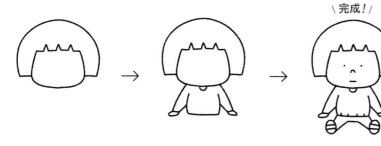

\ 完成！/

足の指を描いて裸足にすると室内にいる印象になります。

---

**投げる** 両手をまっすぐ前に出し、ボールを描きましょう。動きの線の位置を変えるとキャッチする様子になります。

\ 完成！/

小さなボールのときは片手をおろしてもよいでしょう。

---

**蹴る** 前に出す足を高く上げると体をねじって、ボールを蹴る印象になります。おしりが見えるのもポイントです。

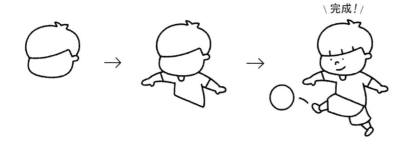

\ 完成！/

半袖にすると元気いっぱい遊んでいる雰囲気になります。

---

**泳ぐ** 顔を上げて両腕を伸ばします。足は片方を上げると、バタ足をしている様子になります。

\ 完成！/

波線で水面を表現します。体の半分を波線から出しても◎

**絵を描く** ペンを持っている様子は手を丸く描いて、ペンの頭と先をつけ足すと簡単です。

\ 完成！/

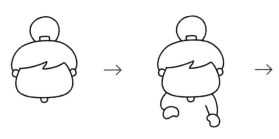

用紙にぐるぐる線や絵を描くと雰囲気アップ。

**歌う** 両腕を上げて大きな口を開けている様子に音符をつけます。腕の高さを左右で変えると自然に見えます。

\ 完成！/

衣装を着せて発表会の様子にアレンジしても◎

**体操** 頭や体を横に傾けて、ひじやひざを曲げたり伸ばしたりする様子を描きましょう。髪の毛も傾けるのがポイントです。

\ 完成！/

水着や体操服にすると、準備体操の様子に。

**ダンス** 腕をまっすぐ上げるなどポーズを決めて、動きの線を入れることでリズムにのっている様子を表現します。

\ 完成！/

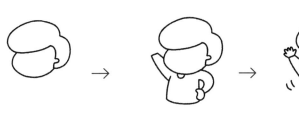

いろいろなポーズを試してみて。まわりに音符を描いても◎

**食べる** スプーンを手に持ち、口元に先を向けましょう。
ほっぺをふくらませてもぐもぐしている様子を表現します。

\ 完成！/

まわりに食材のイラストを描く
と雰囲気アップ。

---

**飲む** コップを口元に描き、手やコップの取っ手を描きます。
下を向いている表情もポイントです。

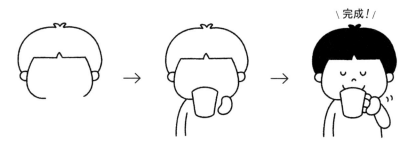

\ 完成！/

コップをマグに変えて両手で
持つと低年齢児の様子に。

---

**ハイタッチ** 手を上げた子どもを、左右対称になるように描くと
ハイタッチの様子になります。髪型や服装を変えましょう。

\ 完成！/

片足をジャンプしているように
曲げるとかわいさアップ！

---

**ガッツポーズ** 丸い手に親指の線だけ描くとグーのポーズに。もう片方は
脇の位置に手を描くと腕を引いているように見えます。

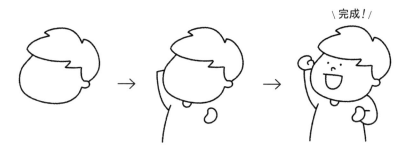

\ 完成！/

口角が上がっているような形
で口を開けると◎

**手洗い** 頭と背中を描いたら、腕を前に伸ばしていることを
イメージして泡を描きましょう。

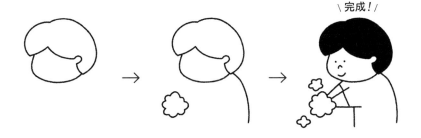

\ 完成！/

蛇口（P102）をつけると雰囲気アップ。

---

**ガラガラうがい** 口を開けて水が入っている様子を見せると、感染症対策の
うがいに。口の中の水は波線で描きましょう。

\ 完成！/

口のまわりに飛んでいる水は
状況に合わせて調整します。

---

**ブクブクうがい** 口を波線で閉じると、歯みがきの後のうがいに。
顔は正面もしくは下向きに描きましょう。

\ 完成！/

片手に歯ブラシ（P98）を持
たせてもよいでしょう。

---

**手を拭く** 手洗いやうがいの後に手や口を拭く様子は、
タオルを持たせて目線を合わせるように描きましょう。

\ 完成！/

ほっぺを低い位置に描いて目
線とバランスを合わせます。

COLUMN

# ジャブノオウチが描くとこうなります！
## 5. 当番活動

園でおしごとをする当番さん。吹き出しでセリフをつけて、
おたよりやポスターなどに活用してください。

# PART 6
# おたより素材

おたよりに使えるフレームや罫などの
イラストを紹介します。PART1〜5のイラストを
アレンジしているものもあるので、
ぜひアイデアの参考にしてください。

# フレーム

文字をおさめる枠にもイラストを活用できます。
文字は縦書きにしたり横書きにしたり、
文章を書いたり見出しを書いたり、
使い方は自由自在!

季節フレーム

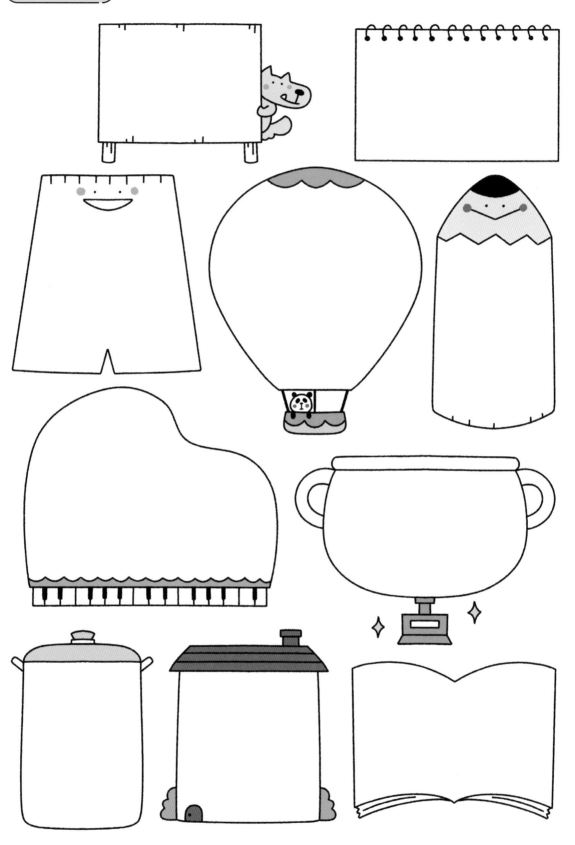

# 飾り罫

スペースを区切ったり、余白をうめたり、
好きな長さに調節して自由に活用してください。
上下や左右に描いてフレームとして使ってもOK！

**モチーフ・横**

**イラスト・横**

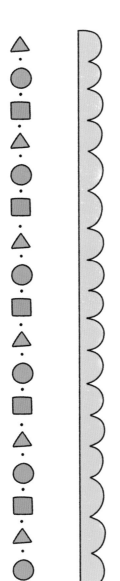

## point

同じイラストを並べると、どんなイラストも飾り
罫になります。サイズ・向き・色・柄・模様を
変えたり、間隔をあけて描いたり、つなげて描
いたりなど、ちょっとした工夫でメリハリが出る
とデザイン性がぐっと高くなります。

文字

タイトルを目立たせたいときは、
色をつけたり下線を引いたりするほか、
書体を変えるのもおすすめ。アルファベットや数字など、
簡単なものから挑戦してみて！

**カクカク**

あいうえお ABC！？
アイウエオ １２３４５

**ふわまる**

あいうえお ABC！？
アイウエオ １２３４５

**シャキッと**

あいうえお ABC！？
アイウエオ １２３４５

**横線太め**

あいうえお　ABC！？
アイウエオ　12345

**縦線太め**

あいうえお　ABC！？
アイウエオ　12345

**行き止まり線**

あいうえお　ABC！？
アイウエオ　12345

**おしゃれ**

あいうえお　ABC！？
アイウエオ　12345

記号・矢印

絵文字や顔文字は、使う場面に合わせて使い分けましょう。「なんとなくさみしい」「もう少しにぎやかにしたい」というときがあれば出番です！

ハート

キラキラ

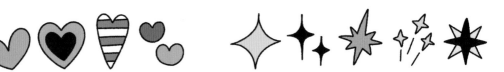

音符

指ポーズ

天気

矢印

注意

顔文字

**タイトル**

おたよりなどの配布物のタイトルは、
かわいいイラストを活用して目立たせます。
文字やキャラクターを変えたりして
アレンジを楽しみましょう！

著者 ジャブノオウチ

保育クリエイター／イラストレーター
元保育士で現在は一児のママ。自身の経験をもとにInstagramや
YouTubeでイラストの描き方や遊びアイデアを発信している。大切にし
ているのは、子どもだけでなく大人もわくわくできること。現役保育者
や保育学生、子育てに奮闘するパパ・ママから、簡単にマネできて親し
みやすいイラストや、型に捉われない楽しい保育アイデアが人気となり、
SNS総フォロワーは9万人を超える（2022年12月時点）。
保育メディアとコラボレーションするなど活動の幅を広げており、本書
が待望の初著書となる。

Instagram

YouTube

イラスト　　　　ジャブノオウチ
装丁・デザイン　平野晶
撮影　　　　　　天野憲仁（株式会社日本文芸社）
撮影協力　　　　ひなたくん
編集制作　　　　株式会社童夢

# 保育で役立つ！ 今すぐ描けるかわいいイラスト12か月

2023年2月10日　第1刷発行

著　者　ジャブノオウチ
発行者　吉田芳史
印刷所　株式会社文化カラー印刷
製本所　大口製本印刷株式会社
発行所　株式会社 日本文芸社
　　　　〒100-0003　東京都千代田区一ツ橋1-1-1 パレスサイドビル8F
　　　　TEL 03-5224-6460(代表)
　　　　内容に関するお問い合わせは、小社ウェブサイトお問い合わせフォームまでお願いいたします。
　　　　URL https://www.nihonbungeisha.co.jp/

Printed in Japan　112230126-112230126 Ⓝ 01　(180014)
ISBN978-4-537-22063-6
©JAVNOOUCHI2023
編集担当　藤澤